U0892599

中华人民共和国安全生产法

注释本

法律出版社法规中心　编

法律出版社
LAW PRESS CHINA
·北　京·

图书在版编目(CIP)数据

中华人民共和国安全生产法注释本 / 法律出版社法规中心编. --4版. --北京 : 法律出版社, 2021(2024.6重印)
(法律单行本注释本系列)
ISBN 978-7-5197-5699-4

Ⅰ. ①中… Ⅱ. ①法… Ⅲ. ①安全生产法-法律解释-中国 Ⅳ. ①D922.545

中国版本图书馆CIP数据核字(2021)第114795号

中华人民共和国安全生产法注释本
ZHONGHUA RENMIN GONGHEGUO ANQUAN SHENGCHANFA ZHUSHIBEN

法律出版社法规中心 编

策划编辑 董 昱
责任编辑 董 昱
装帧设计 李 瞻

出版发行 法律出版社
编辑统筹 法规出版分社
责任校对 张红蕊
责任印制 耿润瑜
经 销 新华书店

开本 850毫米×1168毫米 1/32
印张 6.625 字数 200千
版本 2021年7月第4版
印次 2024年6月第6次印刷
印刷 三河市龙大印装有限公司

地址:北京市丰台区莲花池西里7号(100073)
网址:www.lawpress.com.cn
投稿邮箱:info@lawpress.com.cn
举报盗版邮箱:jbwq@lawpress.com.cn
销售电话:010-83938349
客服电话:010-83938350
咨询电话:010-63939796
版权所有·侵权必究

书号:ISBN 978-7-5197-5699-4 定价:20.00元
凡购买本社图书,如有印装错误,我社负责退换。电话:010-83938349

编辑出版说明

现代社会是法治社会，社会发展离不开法治护航，百姓福祉少不了法律保障。遇到问题依法解决，已经成为人们处理矛盾、解决纠纷的不二之选。然而，面对纷繁复杂的法律问题，如何精准、高效地找到法律依据，如何完整、准确地理解和运用法律，日益成为人们“学法、用法”的关键所在。

为了帮助读者快速准确地掌握“学法、用法”的本领，我社开创性地推出了“法律单行本注释本系列”丛书，至今已十余年。本丛书历经多次修订完善，现已出版近百个品种，涵盖了社会生活的重要领域，已经成为广大读者学习法律、应用法律之必选图书。

本丛书具有以下特点：

1. 出版机构权威。成立于1954年的法律出版社，是全国首家法律专业出版机构，始终秉承“为人民传播法律”的宗旨，完整记录了中国法治建设发展的全过程，享有“社会科学类全国一级出版社”等荣誉称号，入选“全国百佳图书出版单位”。

2. 编写人员专业。本丛书皆由相关法律领域内的专业人士编写，并引入匿名审稿评估制度，确保图书内容始终紧跟法治进程，反映最新立法动态，体现条文内涵。

3. 法律文本标准。作为专业的法律出版机构，多年来，我社始终使用全国人民代表大会常务委员会公报刊登的法律文本，积淀了丰富的标准法律文本资源，并根据立法进度及时更新相关内容。

4. 条文注解精准。本丛书以立法机关的解读为蓝本，对每个条文提炼出条文主旨，并对重点条文进行注释，使读者能精准掌握立法意图，轻松理解条文内容。

5. 配套附录实用。书末“附录”部分收录的均为重要的相关法律、法规和司法解释，使读者在使用中更为便捷，使全书更为实用。

需要说明的是，本丛书中“适用提要”“条文主旨”“条文注释”等内容皆是编者为方便读者阅读、理解而编写，不同于国家正式通过、颁布的法律文本，不具有法律效力。本丛书不足之处，恳请读者批评指正。

我们用心打磨本丛书，以期待为法律相关专业的学生释法解疑，致力于为每个公民的合法权益撑起法律的保护伞。

法律出版社法规中心

2021年6月

目　录

中华人民共和国安全生产法

附　　录

《中华人民共和国安全生产法》适用提要

安全生产是关系人民群众生命财产安全的大事，是经济社会高质量发展的重要标志，是党和政府对人民利益高度负责的重要体现。党中央、国务院高度重视安全生产工作。

《安全生产法》[①]于2002年公布施行，于2009年和2014年进行了两次修正，对预防和减少生产安全事故，保障人民群众生命财产安全发挥了重要作用，但新发展阶段、新发展理念、新发展格局对安全生产提出了更高的要求，需要对《安全生产法》进行修改完善。

2021年6月10日，第十三届全国人民代表大会常务委员会第二十九次会议通过了《全国人民代表大会常务委员会关于修改〈中华人民共和国安全生产法〉的决定》，对《安全生产法》进行了第三次修正。

第三次修正后的《安全生产法》共7章119条。修改的主要内容有：

一、进一步完善安全生产工作的原则要求

为加强党对安全生产工作的领导，贯彻党的十九届五中全会精神，落实习近平总书记提出的“三个必须”原则，对有关内容作

---

① 为便于阅读，本书中的法律法规名称均省略“中华人民共和国”字样。

了修改完善，规定安全生产工作应当坚持中国共产党的领导，以人为本，坚持人民至上、生命至上，把保护人民生命安全摆在首位，树牢安全发展理念，坚持安全第一、预防为主、综合治理的方针，从源头上防范化解重大安全风险，实行管行业必须管安全、管业务必须管安全、管生产经营必须管安全。（第3条）

二、进一步强化和落实生产经营单位的主体责任

一是确保生产经营单位的安全生产责任制落实到位，规定生产经营单位应当建立健全全员安全生产责任制和安全生产规章制度，加大投入保障力度，改善安全生产条件，加强标准化建设，构建安全风险分级管控和隐患排查治理双重预防体系，健全风险防范化解机制。（第4条）明确生产经营单位的主要负责人是本单位安全生产第一责任人，其他负责人对职责范围内的安全生产工作负责。（第5条）

二是强化预防措施，规定生产经营单位应当建立安全风险分级管控制度，按安全风险分级采取相应管控措施；重大事故隐患排查治理情况应当及时向有关部门报告。（第41条）

三是加大对从业人员心理疏导、精神慰藉等人文关怀和保护力度，防范行为异常导致事故发生。（第44条）

四是发挥市场机制的推动作用，要求属于国家规定的高危行业、领域的生产经营单位应当投保安全生产责任保险。（第51条）

三、进一步明确地方政府和有关部门的安全生产监督管理职责

一是强化领导责任，规定各级人民政府应当加强安全生产基础设施和能力建设，所需经费列入本级预算；乡镇人民政府和街道办事处，以及开发区、工业园区、港区、风景区等应当明确负责安全生产监管的机构及其职责，加强监管力量建设，建立完善安全风险评估与论证机制，实施重大安全风险联防联控。（第8、9条）

二是厘清有关部门在安全生产强制性国家标准方面的职责，规定国务院有关部门分工负责安全生产强制性国家标准的有关工作，依据法定职责对强制性国家标准的实施进行监督检查。（第12条）

三是提升安全生产监管的信息化、智能化水平，监管部门之间应当对重大危险源及有关安全和应急措施备案信息实现信息共享。（第40条）有关部门应当将重大事故隐患纳入相关信息系统，建立健全治理督办制度，督促消除重大事故隐患。（第41条）国务院应急管理部门牵头建立全国统一的生产安全事故应急救援信息系统，有关部门和县级以上地方人民政府建立健全相关行业、领域、地区的事故应急救援信息系统，实现互联互通、信息共享，提升监管的精准化、智能化水平。（第79条）

四、进一步加大对生产经营单位及其负责人安全生产违法行为的处罚力度

一是在2014年《安全生产法》规定的基础上，普遍提高了对违法行为的罚款数额。（第92、94－98、114条）

二是增加生产经营单位被责令改正且受到罚款处罚，拒不改正的，监管部门可以按日连续处罚。（第112条）

三是针对安全生产领域“屡禁不止、屡罚不改”等问题，加大对违法行为恶劣的生产经营单位关闭力度，依法吊销有关证照，对主要负责人实施职业禁入。（第113条）

四是加大对违法失信行为的联合惩戒和公开力度，规定监管部门发现生产经营单位未按规定履行公示义务的，予以联合惩戒；有关部门和机构对存在失信行为的单位及人员采取联合惩戒措施，并向社会公示。（第78条）

中华人民共和国安全生产法

（2002年6月29日第九届全国人民代表大会常务委员会第二十八次会议通过　根据2009年8月27日第十一届全国人民代表大会常务委员会第十次会议《关于修改部分法律的决定》第一次修正　根据2014年8月31日第十二届全国人民代表大会常务委员会第十次会议《关于修改〈中华人民共和国安全生产法〉的决定》第二次修正　根据2021年6月10日第十三届全国人民代表大会常务委员会第二十九次会议《关于修改〈中华人民共和国安全生产法〉的决定》第三次修正）

第一章　总　　则

第一条　【立法目的】[①]为了加强安全生产工作，防止和减少生产安全事故，保障人民群众生命和财产安全，促进经济社会持续健康发展，制定本法。

条文注释

安全生产，就是指在生产经营活动中，为避免发生造成人员伤害和财产损失的事故，有效消除或控制危险和有害因素而采取一系列措施，使生产过程在符合规定的条件下进行，以保证从业人员的

① 条文主旨为编者所加，仅供参考，下同。

人身安全与健康、设备和设施免受损坏、环境免遭破坏，保证生产经营活动得以顺利进行的相关活动。“安全生产”一词中所讲的“生产”，是广义的概念，不仅包括各种产品的生产活动，而且包括各类工程建设和商业、娱乐业以及其他服务业的经营活动。

生产安全事故，是指生产经营单位在生产经营活动（包括与生产经营有关的活动）中突然发生的，伤害人身安全和健康、损坏设备设施或者造成直接经济损失，导致生产经营活动（包括与生产经营活动有关的活动）暂时中止或永远终止的意外事件。按照国务院《生产安全事故报告和调查处理条例》的规定，根据生产安全事故造成的人员伤亡或者直接经济损失，将事故分为四个等级：特别重大事故、重大事故、较大事故、一般事故。

安全生产是安全与生产的统一，其宗旨是安全促进生产，生产必须安全。2014 年《安全生产法》，将原法条“促进经济发展”修改为“促进经济社会持续健康发展”，主要考虑是经济与社会要同步发展，仅讲到促进经济发展是不够的，经济发展与社会发展密不可分，并且要持续发展，健康发展。

关联规定

《生产安全事故报告和调查处理条例》第 3 条

《国务院关于进一步加强安全生产工作的决定》

《国务院关于进一步加强企业安全生产工作的通知》

《国务院关于坚持科学发展安全发展促进安全生产形势持续稳定好转的意见》

第二条 【适用范围】在中华人民共和国领域内从事生产经营活动的单位（以下统称生产经营单位）的安全生产，适用本法；有关法律、行政法规对消防安全和道路交通安全、铁路交通安全、水上交通安全、民用航空安全以及核与辐射安全、特种设备安全另有规定的，适用其规定。

条文注释

本条对本法的适用范围、调整事项、适用除外等作出如下规定：

1. 本法的适用范围。

(1)关于本法的时间效力,即法律从什么时候开始发生效力和什么时候失效。本法第119条对本法的生效时间作了规定,即2002年11月1日。本次修改后,修改决定自2021年9月1日起开始生效。(2)关于本法的空间效力问题,即法律适用的地域范围。按照法律空间效力范围的普遍原则,本法适用于制定机关所管辖的全部领域,《安全生产法》作为全国人大常委会制定的法律,其效力自然及于中华人民共和国的全部领域。(3)关于本法的对象效力,即适用本法的主体范围。依照本条规定,本法适用的主体范围,是在中华人民共和国领域内从事生产经营活动的单位。这是指一切合法或者非法从事生产经营活动的企业、事业单位和个体经济组织以及其他组织,包括国有企业事业单位、集体所有制的企业事业单位、股份制企业、中外合资经营企业、中外合作经营企业、外资企业、合伙企业、个人独资企业等,不论其性质如何、规模大小,只要从事生产经营活动,都应遵守本法的各项规定。

2. 本法的调整事项。

本法的调整事项,是生产经营活动中的安全问题。因此,其适用的范围只限定在生产经营领域。不属于生产经营活动中的安全问题,如公共场所集会活动中的安全问题等,就不属于本法的调整范围。这里讲的"生产经营活动",既包括资源的开采活动,各种产品的加工、制作活动,也包括各类工程建设和商业、娱乐业以及其他服务业的经营活动。

3. 本法的适用除外。

考虑到有一部分从事生产经营活动的单位或者某些安全事项具有特殊性,对其单独立法进行规范是必要的。目前,已经有一些专门法律和行政法规对特殊的生产经营活动及特殊的安全事项作出规定。如消防安全就属于特殊的安全事项,对于消防安全问题已有《消防法》调整;道路、铁路、水运、空运等交通运输的安全问题,属于特殊的生产经营活动,其生产经营单位也比较特殊,从事的生产经营活动与一般生产经营单位的生产经营活动在固定场所进行相比有所不同，其生产经营活动是在移动中进行的，已有《道路交通安全法》《海上交通安全法》《铁路法》《民用航空法》等法律专门调整。2014年《安全生产法》增加了核与辐射安全、特种设备安全，主要考虑是《消防法》以及《道路交通安全法》、《铁路法》、《海上交通安全法》、《民用航空法》、《特种设备安全法》等法律，对特殊的生产经营活动进行了规范；一些行政法规如《民用核安全设备监督管理条例》《放射性同位素与射线装置安全和防护条例》，对核与辐射安全也作了专门规定。因此，对这些领域的安全问题，应当适用相关法律和行政法规的规定。

4. 法律之间的衔接问题。

《矿山安全法》对矿山安全生产作了规定，《劳动法》对劳动安全生产、《煤炭法》对煤矿安全生产、《建筑法》对建筑安全生产等分别作了规定，这些规定与《安全生产法》的规定是一致的。为了减少法律与法律之间不必要的重复，对有些法律中已经作了比较具体的规定的，《安全生产法》就采取了从简的办法，只作出基本规定或原则规定。

第三条　【工作方针】安全生产工作坚持中国共产党的领导。

安全生产工作应当以人为本，坚持人民至上、生命至上，把保护人民生命安全摆在首位，树牢安全发展理念，坚持安全第一、预防为主、综合治理的方针，从源头上防范化解重大安全风险。

安全生产工作实行管行业必须管安全、管业务必须管安全、管生产经营必须管安全，强化和落实生产经营单位主体责任与政府监管责任，建立生产经营单位负责、职工参与、政府监管、行业自律和社会监督的机制。

条文注释

依照本条规定，安全生产工作应当坚持以下方针：

1. 坚持中国共产党的领导。

中国特色社会主义最本质的特征是中国共产党领导,中国特色社会主义制度的最大优势是中国共产党领导。党是我们各项事业的领导核心。做好安全生产工作,关键在党,而要把安全生产工作这件大事办好,最关键的也是要坚持党的领导。这就要求:一是必须坚决落实习近平总书记关于安全生产工作的一系列重要讲话和重大论述;二是必须坚持中共中央、国务院关于安全生产工作的方针政策;三是必须坚持党政同责,齐抓共管,确保安全生产工作落到实处。

2. 把保护人民生命安全摆在首位。

安全生产工作应当以人为本,坚持人民至上、生命至上,把保护人民生命安全摆在首位。以人为本,就是要以人的生命健康为本。生产经营单位要做到以人为本,就是要以消灭生产经营过程中存在的安全隐患为手段,不断改善劳动环境和安全生产条件,保护职工生命健康,绝不能以牺牲人的生命为代价发展经济。当人的生命健康与生产经营单位等法律主体的财产利益冲突时,首先应当考虑人的生命健康,而不是首先考虑和维护财产利益。

3. 树牢安全发展理念。

安全生产工作还要以安全发展为理念。2014 年《安全生产法》规定“坚持安全发展”,2021 年《安全生产法》规定“树牢安全发展理念”,这就要求我们不但要坚持安全发展理念,而且要牢固树立安全发展理念,坚持统筹兼顾,协调发展,正确处理安全与发展的关系。安全作为发展的前提和基础,坚持将安全放在首要位置,绝不能以牺牲人的生命健康换取一时的发展。

4. 坚持十二字方针。

“安全第一、预防为主、综合治理”是安全生产工作的十二字方针。这一方针是开展安全生产工作总的指导方针,是长期实践经验的总结。一是安全第一。在生产经营活动中,要始终把安全特别是从业人员和其他人员的人身安全放在首要的位置,实行“安全优先”的原则。在确保安全的前提下,实现生产经营活动的其他目标,不安全不生产，生产要安全。没有安全第一的思想，预防为主就失去了思想支撑，综合治理就失去了整治依据。二是预防为主。这是安全生产工作方针的核心，要求将预防安全生产事故的发生放在安全工作的首位。《安全生产法》对生产经营单位的安全保障义务、从业人员的安全义务以及应急管理部门的检查权等的规定，都是坚持预防为主的体现，可以说现行《安全生产法》就是一部事故预防法。三是综合治理。所谓综合治理是指要综合运用法律、经济、行政等手段，从发展规划、行业管理、安全投入、科技进步、经济政策、税收政策、教育培训、安全文化以及责任追究等方面着手，建立安全生产长效机制。

5. 坚持“三管三必须”。

《中共中央、国务院关于推进安全生产领域改革发展的意见》提出：“按照管行业必须管安全、管业务必须管安全、管生产经营必须管安全和谁主管谁负责的原则，厘清安全生产综合监管与行业监管的关系，明确各有关部门安全生产和职业健康工作职责，并落实到部门工作职责规定中。”该意见中的“三管三必须”主要指向部门监管职责，厘清综合监管和行业监管的关系。2021 年《安全生产法》进一步发展了“三管三必须”，提出“安全生产工作”要实行三管三必须，这既是对监管部门落实监管责任的要求，也是对生产经营单位落实安全生产主体责任的要求。

6. 落实安全生产工作机制。

我国安全生产工作机制是生产经营单位负责、职工参与、政府监管、行业自律和社会监督。建立这一工作机制的目的在于形成齐抓共管的合力。

（1）生产经营单位负责。生产经营单位负责是落实生产经营单位主体责任的要求，生产经营单位要按照法律、法规、规章和各项标准规定的安全生产义务，落实主体责任，对本单位的安全生产工作负责。

（2）职工参与。职工参与是指职工有义务也有权利参与本单位生产经营活动中的安全工作，《安全生产法》第 3 章对从业人员的安全生产权利义务作了规定。要充分发挥工会、共青团、妇联组织的作用，依法维护和落实生产经营单位职工对安全生产的参与权与监督权，鼓励职工监督举报各类安全生产问题，对举报者予以奖励。

(3)政府监管。各级人民政府要切实履行安全生产管理职责，各级人民政府中负有安全生产监督管理职责的部门要切实履行监管部门安全生产管理和监督职责。根据管行业必须管安全的要求，各行业主管部门要履行安全生产监督管理职责。健全完善安全生产综合监管与行业监管相结合的工作机制，强化应急管理部门对安全生产的综合监管，全面落实行业主管部门的专业监管、行业管理和指导职责。

(4)行业自律。首先，各个行业要遵守国家法律、法规和政策；其次，行业组织要通过行规约束本行业生产经营单位的行为，促使生产经营单位自觉开展安全生产工作，切实履行法定职责和社会责任。

(5)社会监督。任何单位和个人有权对违反安全生产的行为进行检举和控告。发挥新闻媒体的舆论监督作用，畅通安全生产的社会监督渠道，接受人民群众的公开监督。

第四条 【生产经营单位基本义务】生产经营单位必须遵守本法和其他有关安全生产的法律、法规，加强安全生产管理，建立健全全员安全生产责任制和安全生产规章制度，加大对安全生产资金、物资、技术、人员的投入保障力度，改善安全生产条件，加强安全生产标准化、信息化建设，构建安全风险分级管控和隐患排查治理双重预防机制，健全风险防范化解机制，提高安全生产水平，确保安全生产。

平台经济等新兴行业、领域的生产经营单位应当根据本行业、领域的特点，建立健全并落实全员安全生产责任制，加强从业人员安全生产教育和培训，履行本法和其他法律、法规规定的有关安全生产义务。

条文注释

1. 本条第1款是关于生产经营单位基本安全生产义务的规定。根据本条的规定，生产经营单位安全生产的主要义务包括：

（1）遵守法律法规的义务。生产经营单位既要遵守《安全生产法》，还要遵守其他法律，例如《矿山安全法》《建筑法》《消防法》《特种设备安全法》等；既要遵守国务院制定的关于安全生产的行政法规，例如《安全生产许可证条例》等，也要遵守负有安全生产监督管理职责的部门制定的关于安全生产的部门规章；既要遵守各地方制定的有关生产安全的地方性法规和地方政府规章，也要遵守国务院、负有安全生产监督管理职责的部门颁布的关于安全生产的规范性文件。

（2）加强安全生产管理。生产经营单位要依法设置安全生产管理机构或者安全生产管理人员，建立健全本单位安全生产的各项安全生产管理制度并组织实施。

（3）建立、健全全员安全生产责任制和安全生产规章制度。实现“一岗双责”，做到“三定”（定岗位、定人员、定安全生产责任）。全员安全生产责任制中，生产经营单位的主要负责人对本单位安全生产工作全面负责，其他分管负责人、各级管理人员、职能部门、技术人员、各岗位操作人员以及生产工人，应当根据各自的工作岗位，确定其在安全生产方面应做的工作和应负的责任，并与奖惩制度挂钩。安全生产规章制度属于生产经营单位内部规则，是生产经营单位内部的行为规范，具有法律约束力。

（4）加大对安全生产资金、物资、技术、人员的投入保障力度。对生产经营单位而言，安全生产工作主要是“投入”是否到位的问题。“资金”投入包括：生产经营单位要确保安全生产教育培训等方面的资金投入；依法提取和使用安全生产费用。“物资”投入包括安全设施、设备投入和应急物资投入。“技术”投入主要是生产经营单位采用技术手段确保本单位生产安全，国家鼓励安全生产技术创新，落实技术淘汰制度。“人员”投入包括依法建立安全生产管理机构、配置安全生产管理人员及根据全员安全生产责任制确保所有从业人员关注本单位的安全生产。

(5)改善安全生产条件。因不同行业其潜在的危险因素各不相同，对高危行业我国制定了专门的市场准入条件。根据《安全生产许可证条例》第2条的规定，国家对矿山企业、建筑施工企业和危险化学品、烟花爆竹、民用爆炸物品生产企业实行安全生产许可制度。企业未取得安全生产许可证的，不得从事生产活动。对于从事上述生产经营活动的单位要具备取得安全生产许可证的条件才能生产经营。对于不需要取得安全生产许可证的生产经营单位，也要达到安全生产需要的条件。同时，生产经营单位在符合安全生产条件的基础上，还要不断改善安全生产条件。

(6)加强安全生产标准化、信息化建设。安全生产标准化主要包含目标职责、制度化管理、教育培训、现场管理、安全投入、安全风险管控及隐患排查治理、应急管理、事故查处、绩效评定、持续改进等方面。信息化要求生产经营单位运用信息化技术手段确保生产安全，通过开展智慧矿山等信息化建设，以信息化手段实现对本单位内部风险管控和隐患排查治理。

(7)构建安全风险分级管控和隐患排查治理双重预防体制。安全事故风险管控法律制度应该包括风险辨识、风险评估、风险监控、风险处置预案、风险响应等内容，它是安全法律制度的核心内容。生产经营单位要定期开展风险评估和危害辨识，要针对高危工艺、设备、物品、场所和岗位，建立分级管控制度，制定落实安全操作规程。生产经营单位应当建立健全生产安全事故隐患排查治理制度，采取技术、管理措施，及时发现并消除事故隐患。

2. 本条第2款是2021年《安全生产法》新增加的内容，规定了新兴行业、领域的生产经营单位的安全生产义务。

互联互通时代，平台经济、共享经济等新兴行业、领域的生产经营单位层出不穷。滴滴打车、美团外卖、宅急送、闪送等已经成为我们生活中必不可少的组成部分，从事这些新兴行业、领域的企业也属于生产经营单位，必须承担安全生产主体责任。例如，从事外卖平台经营服务的生产经营单位应建立并落实全员安全生产责任制，加强对从业人员安全生产教育和培训,确保生产安全。快递员在配送过程中发生事故的,也属于生产安全事故,依法适用《安全生产法》的规定追究相关单位和人员的法律责任。

第五条　【单位负责人的责任】生产经营单位的主要负责人是本单位安全生产第一责任人,对本单位的安全生产工作全面负责。其他负责人对职责范围内的安全生产工作负责。

条文注释

1. 主要负责人的安全生产责任。生产经营单位的主要负责人是本单位安全生产第一责任人,对本单位的安全生产工作全面负责。"第一责任人"是指主要负责人是本单位安全生产工作的首要负责人,在全员安全生产责任制中,应首先明确主要负责人的安全生产职责。主要负责人不仅是第一责任人,而且还要对本单位的安全生产全面负责。全面负责并非安全生产只能由主要负责人承担,也不是方方面面的安全生产工作只能由主要负责人承担,而是主要负责人应负起对本单位安全生产的全面责任,要负责建立健全并落实本单位全员安全生产责任制。按照《安全生产法》第5条、第21条的规定,生产经营单位的主要负责人对本单位安全生产工作全面负责,主要负有下列职责:(1)建立健全并落实本单位全员安全生产责任制,加强安全生产标准化建设;(2)组织制定并实施本单位安全生产规章制度和操作规程;(3)组织制定并实施本单位安全生产教育和培训计划;(4)保证本单位安全生产投入的有效实施;(5)组织建立并落实安全风险分级管控和隐患排查治理双重预防工作机制,督促、检查本单位的安全生产工作,及时消除生产安全事故隐患;(6)组织制定并实施本单位的生产安全事故应急救援预案;(7)及时、如实报告生产安全事故。

2. 其他负责人的安全生产工作职责。主要负责人毕竟精力有限,难以履行方方面面的安全生产职责。所以2021年《安全生产法》规定"其他负责人对职责范围内的安全生产工作负责"。"其他负责人”是指除主要负责人之外对生产经营活动等负有组织、指挥、管理职责的负责人，主要是指各分管负责人、车间（区队）负责人、班组负责人等。“职责范围”主要根据“三管三必须”以及“全员安全生产责任制”确定。例如，煤矿的生产副矿长在负责煤矿生产的同时，要承担其相应的安全生产职责。

关联规定

《安全生产法》第21条

第六条　【从业人员安全生产权利义务】生产经营单位的从业人员有依法获得安全生产保障的权利，并应当依法履行安全生产方面的义务。

条文注释

本条对从业人员安全生产方面的权利义务作出以下规定：

1. 本法作为安全生产的专门法，在有关条款中，对从业人员获得安全生产保障的权利作了具体规定，主要包括：(1)有关安全生产的知情权。包括获得安全生产教育和技能培训的权利，被如实告知作业场所和工作岗位存在的危险因素、防范措施及事故应急措施的权利。(2)有获得符合国家标准的劳动防护用品的权利。(3)有对安全生产问题提出批评、建议的权利。从业人员有权对本单位安全生产管理工作存在的问题提出建议、批评、检举、控告，生产经营单位不得因此作出对从业人员不利的处分。(4)有对违章指挥的拒绝权。从业人员对管理者作出的可能危及安全的违章指挥，有权拒绝执行，并不得因此受到对自己不利的处分。(5)有采取紧急避险措施的权利。从业人员发现直接危及人身安全的紧急情况时，有权停止作业或者在采取紧急措施后撤离作业场所，并不得因此受到对自己不利的处分。(6)在发生生产安全事故后，有获得及时抢救和医疗救治并获得工伤保险赔付的权利等。

2. 从业人员在享有获得安全生产保障权利的同时，也负有以自己的行为保证安全生产的义务。主要包括：(1)在作业过程中必须遵守本单位的安全生产规章制度和操作规程，服从管理，不得违章作业。(2)接受安全生产教育和培训，掌握本职工作所需要的安全生产知识。(3)发现事故隐患应当及时向本单位安全生产管理人员或主要负责人报告。(4)正确使用和佩戴劳动防护用品。

第七条 【工会职责】工会依法对安全生产工作进行监督。

生产经营单位的工会依法组织职工参加本单位安全生产工作的民主管理和民主监督，维护职工在安全生产方面的合法权益。生产经营单位制定或者修改有关安全生产的规章制度，应当听取工会的意见。

条文注释

工会依法对安全生产工作进行监督，这是2014年《安全生产法》新增加的内容，目的是加强工会对安全生产工作的监督。

1. 按照本法规定，工会对安全生产工作的监督可以表现在以下方面：(1)工会有权对建设项目的安全设施与主体工程同时设计、同时施工、同时投入生产和使用进行监督，提出意见；(2)工会对生产经营单位违反安全生产法律、法规，侵犯从业人员合法权益的行为，有权要求纠正；(3)工会发现生产经营单位违章指挥、强令冒险作业或者发现事故隐患时，有权提出解决的建议；(4)工会有权依法参加事故调查，向有关部门提出处理意见。

2. 依照本法和《工会法》《劳动法》等法律的规定，工会在维护职工安全生产方面权益的主要职责与工会的监督职责基本是一致的，主要包括：(1)监督生产经营单位落实职工群众在安全生产方面的知情权；(2)发现生产经营单位违章指挥、强令工人冒险作业或者生产过程中发现重大事故隐患，有权提出解决的建议；(3)发现危及职工生命安全的情况时，有权建议生产经营单位组织职工撤离危险现场；(4)对侵害职工在安全生产方面的合法权益的问题进行调查，代表职工与生产经营单位进行交涉，要求单位采取措施予以改正，单位拒不改正的，工会可以请求当地人民政府依法处理；(5)参加对生产安全事故的调查处理，向有关部门提出处理意见等。各级工会组织应当依照法律的规定，在安全生产方面替职工说话，为职工办事，认真履行自己在保证职工生产安全方面的合法权益的职责。

3. 生产经营单位制定或者修改有关安全生产的规章制度，应当听取工会的意见。有关安全生产规章制度，主要包括：安全生产职责、安全生产投入、文件和档案管理、隐患排查与治理、安全教育培训、特种作业人员管理、设备设施安全管理、建设项目安全设施“三同时”管理、生产设备设施验收管理、生产设备设施报废管理、施工和检修维修安全管理、危险物品及重大危险源管理、作业安全管理相关方及外用工管理、职业健康管理、防护用品管理、应急管理、事故管理等管理制度。

关联规定

《工会法》第 23－25、31、34、39 条

《劳动法》第 3、33、52、53、92 条

第八条 【安全生产规划、能力建设、风险管控】国务院和县级以上地方各级人民政府应当根据国民经济和社会发展规划制定安全生产规划，并组织实施。安全生产规划应当与国土空间规划等相关规划相衔接。

各级人民政府应当加强安全生产基础设施建设和安全生产监管能力建设，所需经费列入本级预算。

县级以上地方各级人民政府应当组织有关部门建立完善安全风险评估与论证机制，按照安全风险管控要求，进行产业规划和空间布局，并对位置相邻、行业相近、业态相似的生产经营单位实施重大安全风险联防联控。

条文注释

1. 安全生产规划的编制。关于安全生产规划的制定，国务院和县级以上地方各级人民政府应当根据国民经济和社会发展规划制

定安全生产规划，并组织实施。安全生产规划与国土空间规划等相关规划衔接，主要是指安全生产规划中涉及国土空间规划的内容应当与其相衔接，如有关危化品的工业园区建设、化工产业布局等，就应当与国土空间规划相衔接。同时，各级人民政府在编制城乡规划时，也要考虑安全生产工作。

2. 政府安全生产能力建设。本条第 2 款是关于各级政府安全生产能力建设的规定，属于 2021 年《安全生产法》新增加的内容。一是各级政府应当加强安全生产基础设施建设，要求各地区和负有安全生产监督管理职责的部门根据本地区和本部门实际情况，制定安全生产基础设施建设方案并加以落实，加强基础建设，提升安全保障能力，针对城市建设、危旧房屋、玻璃幕墙、渣土堆场、尾矿库、燃气管线、地下管廊等重点隐患和煤矿、非煤矿山、危化品、烟花爆竹、交通运输等重点行业以及游乐、“跨年夜”等大型群众性活动，坚决做好安全防范，严防重特大事故发生。二是加强安全生产监管能力建设。各级政府对安全生产监管责任的落实需要加强监管能力建设，监管能力建设需要从监管职责分工、监管机关和监管队伍、监管技术、监管人员培训等各方面着手。无论是安全生产基础建设还是监管能力建设，都需要投入。因此，本款明确规定建设“所需经费列入本级预算”。从制度上保障各级人民政府安全生产基础建设和监管能力建设所需资金。例如，按照行政执法机构车辆配置标准，为各级应急管理部门配备执法车辆。

3. 县级以上地方各级人民政府的风险管控。地方人民政府及相关部门对本辖区内的生产安全风险进行辨识与评价，制定本地生产安全事故风险预警预案，其内容包括事故风险等级、分级标准、应急预案、响应以及解除等。事故风险等级应从安全许可、安全投入、机构设置和人员配备、规章制度制定、安全教育、风险管控和预警、安全管理状况、现场安全条件、事故报告等方面进行评估，将本地区企业列入相应的等级区间。县级以上地方各级人民政府应当组织有关部门建立完善安全风险评估与论证机制，按照安全风险管控要求，进行产业规划和空间布局，并对位置相邻、行业相近、业态相似的生产经营单位实施重大安全风险联防联控。

第九条 【各级人民政府职责】国务院和县级以上地方各级人民政府应当加强对安全生产工作的领导，建立健全安全生产工作协调机制，支持、督促各有关部门依法履行安全生产监督管理职责，及时协调、解决安全生产监督管理中存在的重大问题。

乡镇人民政府和街道办事处，以及开发区、工业园区、港区、风景区等应当明确负责安全生产监督管理的有关工作机构及其职责，加强安全生产监管力量建设，按照职责对本行政区域或者管理区域内生产经营单位安全生产状况进行监督检查，协助人民政府有关部门或者按照授权依法履行安全生产监督管理职责。

条文注释

根据本条第1款规定，各级人民政府安全生产工作的职责主要包括：

1. 加强领导。加强对安全生产工作的领导是政府应尽的职责，地方各级人民政府必须充分认识加强对安全生产工作领导的重要性和必要性，依法履行对本地区安全生产工作的领导责任，落实地方各级人民政府安全生产行政首长负责制和领导班子成员安全生产“一岗双责”制度，健全安全生产监管监察体制，认真研究解决本地区安全生产中的重大问题。

2. 建立健全安全生产工作协调机制。安全生产工作涉及各种行业、领域的生产经营活动，由不同的部门行使对不同行业、领域的监管职责，需要县级以上各级人民政府建立健全安全生产工作协调机制。安全生产工作协调机制，主要是通过成立安全生产委员会，对安全生产工作进行协调指导。

3. 支持、监督有关部门依法履行安全生产监督管理职责。各级人民政府应急管理部门和其他依法负有安全生产监督管理职责的部门肩负安全生产的监督管理职责，其职责虽然有法律的授权，但都是代表相关政府实施管理。所以，一方面县级以上各级人民政府要通过资金投入等方式支持本级政府所属负有安全生产监督管理职责的部门依法履职；另一方面要领导和监督负有安全生产监督管理职责的部门依法履行监督管理职责。

针对实践中，开发区、工业园区、港区、风景区等区域安全生产监督管理职责不明的现象，2021 年《安全生产法》明确要求“开发区、工业园区、港区、风景区等应当明确负责安全生产监督管理的有关工作机构及其职责，加强安全生产监管力量建设”。这就要求，在设定这些特定功能区时，必须同时明确该功能区安全生产监督管理的责任主体，明确其负责安全生产监督管理的工作机构及其职责，加强安全生产监管力量建设。同时，要求乡镇人民政府和街道办事处，以及开发区、工业园区、港区、风景区等负责安全生产监督管理的有关工作机构应按照职责分工负责以下工作：(1) 对本行政区域内生产经营单位安全生产状况的监督检查。(2) 协助人民政府有关部门或者按照授权依法履行安全生产监督管理职责。

第十条　【安全生产监督管理体制】国务院应急管理部门依照本法，对全国安全生产工作实施综合监督管理；县级以上地方各级人民政府应急管理部门依照本法，对本行政区域内安全生产工作实施综合监督管理。

国务院交通运输、住房和城乡建设、水利、民航等有关部门依照本法和其他有关法律、行政法规的规定，在各自的职责范围内对有关行业、领域的安全生产工作实施监督管理；县级以上地方各级人民政府有关部门依照本法和其他有关法律、法规的规定，在各自的职责范围内对有关行业、领域的安全生产工作实施监督管理。对新兴行业、领域的安全生产监督管理职责不明确的，由县级以上地方各级人民政府按照业务相近的原则确定监督管理部门。

> 应急管理部门和对有关行业、领域的安全生产工作实施监督管理的部门,统称负有安全生产监督管理职责的部门。负有安全生产监督管理职责的部门应当相互配合、齐抓共管、信息共享、资源共用,依法加强安全生产监督管理工作。

条文注释

本条是关于安全生产监督管理体制的规定。

1. 应急管理部门负责"综合监管"。其综合监督管理表现在:(1)综合监督管理全国安全生产工作,组织起草安全生产方面的综合性法律和行政法规,制定发布工矿商贸行业及有关综合性安全生产规章,研究拟订安全生产方针政策和工矿商贸安全生产标准、规程,并组织实施。负责职责范围内非煤矿山企业和危险化学品、烟花爆竹生产企业安全生产许可证的颁发和管理工作。(2)依法行使国家安全生产综合监督管理职权,按照分级、属地原则,指导、协调和监督有关部门安全生产监督管理工作,对地方应急管理部门进行业务指导;制定全国安全生产发展规划;定期分析和预测全国安全生产形势,研究、协调和解决安全生产中的重大问题。(3)负责发布全国安全生产信息,综合管理全国生产安全伤亡事故调度统计和安全生产行政执法分析工作;依法组织、协调特大和特别重大事故的调查处理工作,并监督事故查处的落实情况;组织、指挥和协调安全生产应急救援工作。(4)负责综合监督管理危险化学品和烟花爆竹安全生产工作。(5)指导、协调全国和各省、自治区、直辖市安全生产检测检验工作;组织实施对工矿商贸生产经营单位安全生产条件和有关设备(特种设备除外)进行检测检验、安全评价、安全培训、安全咨询等社会中介组织的资质管理工作,并进行监督检查。(6)组织、指导全国和各省、自治区、直辖市安全生产宣传教育工作,负责安全生产监督管理人员的安全培训、考核工作,依法组织、指导并监督特种作业人员(煤矿特种作业人员、特种设备作业人员除外)的考核工作和工矿商贸生产经营单位主要经营管理者、安全生产管理人员的安全资格考核工作(煤矿矿长安全资格除外);监督检查工矿商贸生产经营单位安全培训工作。(7)负责监督管理中央管理的工矿商贸生产经营单位安全生产工作,依法监督工矿商贸生产经营单位贯彻执行安全生产法律、法规情况及其安全生产条件和有关设备(特种设备除外)、材料、劳动防护用品的安全生产管理工作。(8)依法监督检查职责范围内新建、改建、扩建工程项目的安全设施与主体工程同时设计、同时施工、同时投产使用情况;依法监督检查工矿商贸生产经营单位作业场所(煤矿作业场所除外)职业卫生情况,负责职业卫生安全许可证的颁发管理工作;监督检查重大危险源监控、重大事故隐患的整改工作,依法查处不具备安全生产条件的工矿商贸生产经营单位。(9)组织拟订安全生产科技规划,组织、指导和协调相关部门和单位开展安全生产重大科学技术研究和技术示范工作。(10)组织实施注册安全工程师执业资格制度,监督和指导注册安全工程师执业资格考试和注册工作。(11)组织开展与外国政府、国际组织及民间组织安全生产方面的国际交流与合作。(12)承办国务院、国务院安全生产委员会交办的其他事项。

2. 除应急管理部门外,依照法律、行政法规和国务院有关部门的“三定”方案的规定,对安全生产工作负有监督管理职责的部门,主要是国务院交通运输、住房和城乡建设、水利、民航等有关部门。在实践中,出现了一些新兴行业、领域,这些新兴行业、领域通常没有明确的行业、领域管理部门,造成安全生产监管职责不明确,所以2021年《安全生产法》规定“对新兴行业、领域的安全生产监督管理职责不明确的,由县级以上地方各级人民政府按照业务相近的原则确定监督管理部门”。例如,闪送属于典型的运输业务,应由负责交通运输管理的部门对其进行安全生产监督管理。

3. 负有安全生产监督管理职责的部门。应急管理部门和对有关行业、领域的安全生产工作实施监督管理的部门,统称负有安全生产监督管理职责的部门。负有安全监管职责的部门要按照“管行业必须管安全、管业务必须管安全、管生产经营必须管安全”的要求,做到安全生产责任“五落实”。负有安全生产监督管理职责的部门多，各部门之间应当相互配合、齐抓共管、信息共享、资源共用，依法加强安全生产监督管理工作。

第十一条　【安全生产标准】国务院有关部门应当按照保障安全生产的要求，依法及时制定有关的国家标准或者行业标准，并根据科技进步和经济发展适时修订。

生产经营单位必须执行依法制定的保障安全生产的国家标准或者行业标准。

条文注释

按照现行的国务院机构设置，国务院标准化行政主管部门为国家市场监督管理总局。根据分工，应急管理部负责制定和发布工矿商贸行业安全生产规章、标准和规程并组织实施；交通运输部负责按规定制定公路、水路工程建设有关政策、制度和技术标准并监督实施；水利部负责按规定制定水利水电工程建设有关政策、制度、技术标准和重大事故应急预案并监督实施。《标准化法》同时还规定，对没有推荐性国家标准而又需要在全国某个行业范围内统一的技术要求，可以制定行业标准。行业标准由国务院有关行政主管部门制定，并报国务院标准化行政主管部门备案。

2017年国务院办公厅印发了《安全生产“十三五”规划》，提出建立以强制性标准为主体、推荐性标准为补充的安全生产标准体系；根据安全生产执法结果、事故原因分析和新工艺技术装备应用等情况，及时制修订相关技术标准；鼓励有条件的地区、协会、企业率先制定新产品、新工艺、新业态的安全生产技术标准；支持企业制定高于国家、行业、地方标准的安全生产标准；建立与“一带一路”沿线国家安全生产标准的对标衔接机制。

关联规定

《标准化法》第5－7、12条

第十二条 【安全生产国家标准的制定】国务院有关部门按照职责分工负责安全生产强制性国家标准的项目提出、组织起草、征求意见、技术审查。国务院应急管理部门统筹提出安全生产强制性国家标准的立项计划。国务院标准化行政主管部门负责安全生产强制性国家标准的立项、编号、对外通报和授权批准发布工作。国务院标准化行政主管部门、有关部门依据法定职责对安全生产强制性国家标准的实施进行监督检查。

条文注释

本条是2021年《安全生产法》新增加的规定。安全生产领域存在大量强制性行业标准，这些强制性行业标准要求生产经营单位必须执行。而《标准化法》则认为，行业标准属于推荐性标准。因此，非常有必要加快安全生产国家标准的制定，将行业标准及时转化为国家标准，提高标准的层次和效力。

第十三条 【安全生产宣传教育】各级人民政府及其有关部门应当采取多种形式，加强对有关安全生产的法律、法规和安全生产知识的宣传，增强全社会的安全生产意识。

条文注释

《安全生产"十三五"规划》提出：(1)强化舆论宣传引导。鼓励主流媒体开办安全生产节目、栏目，加大安全生产公益宣传、知识技能培训、案例警示教育等工作力度。加强微博、微信和客户端建设，形成新媒体传播模式。推动传统媒体与新兴媒体融合发展，构建以"传媒云集市、信息高速路、卫星互联网"为标志的安全生产新闻宣传渠道。开展"安全生产月""安全生产万里行"等宣传活动。制定实施安全生产新闻宣传专业人才成长规划，加强新闻发言人、安全生产理论专家、通讯员和社会监督员等队伍建设。加强舆论引导，坚持正确舆论导向，规范网上信息传播技术，建立重特大事故舆情收集、分析研判和快速响应机制。(2)提升全民安全素质。将安全知识普及纳入国民教育体系，加强中小学安全教育。完善安全生产现代职业教育制度。支持高等学校和中等职业学校加强安全相关学科专业建设。引导有关企业、高等学校构建供需互动的安全主体专业毕业生安全岗位就业机制。实施安全生产卓越工程师培养计划，加强安全科技领军人才队伍建设，建立体现安全智力劳动价值的薪酬分配机制。构建责任明确、载体多样、管理规范的安全培训体系，完善安全生产考试考核基础条件，健全安全培训专业师资库，完善培训教材和考核标准。推进领导干部安全培训办学体制、运行机制、内容方式、师资管理改革，持续开展党政领导干部安全生产专题培训。建立高危企业主要负责人、安全生产管理人员定期复训考核制度。加强高危行业生产一线技能人才安全生产培训，建立健全全覆盖、多层次、经常性的产业工人安全生产培训制度。建立高危行业农民工岗前强制性安全培训制度。

第十四条 【协会组织职责】有关协会组织依照法律、行政法规和章程，为生产经营单位提供安全生产方面的信息、培训等服务，发挥自律作用，促进生产经营单位加强安全生产管理。

条文注释

本条为2014年修正《安全生产法》时增加的内容，主要目的是明确行业协会、商会等协会组织在安全生产方面的作用。协会组织的主要功能主要体现在：(1)协调职能。协会组织作为行业整体的代表，能利用行业整体实力较好地处理和协调各类关系，从而减少单个企业的运作成本，提高效率。(2)服务职能。协会组织为会员单位、政府等机构提供各种市场信息，提供法律方面的咨询与服务，协调与仲裁贸易纠纷，举办产品信息发布和展销，进行业务培训等。(3)监管职能。协会组织在本行业中具有一定的权威，一般能够代表本行业在相关法律、法规、政策制定时表达意见，协会组织制定的行业规范往往也能成为制定法律、法规及政策的依据。

第十五条 【安全生产技术服务中介机构】依法设立的为安全生产提供技术、管理服务的机构，依照法律、行政法规和执业准则，接受生产经营单位的委托为其安全生产工作提供技术、管理服务。

生产经营单位委托前款规定的机构提供安全生产技术、管理服务的，保证安全生产的责任仍由本单位负责。

条文注释

理解本条需要特别注意的是，接受生产经营单位的委托后，从事安全生产服务的机构与生产经营单位之间是一种委托关系。根据《民法典》合同编的规定，在委托范围之内，受托机构的一切行为后果都由委托的生产经营单位承担。生产经营单位委托相关机构为其安全生产提供技术、管理服务，属于单位内部安全生产管理的一种方式，对生产经营单位的安全生产责任本身没有任何影响，其安全生产责任并不因为委托相关机构就减轻或者免除。因此本条第2款特别强调，生产经营单位委托机构提供安全生产技术、管理服务的，保证安全生产的责任仍由本单位负责。

关联规定

《民法典》第3编第23章

《安全评价检测检验机构管理办法》

第十六条 【事故责任追究制度】国家实行生产安全事故责任追究制度，依照本法和有关法律、法规的规定，追究生产安全事故责任单位和责任人员的法律责任。

条文注释

依照本法和有关法律、行政法规的规定，生产安全事故责任人承担的法律责任主要有：

1. 行政责任。这是指因违反有关行政管理的法律、法规的规定所依法应当承担的法律后果。行政责任一般分为政务处分和行政处罚。“政务处分”是对国家工作人员及由国家机关委派到企业、事业单位任职人员等人员违法违纪行为给予的制裁性处理。“行政处罚”是对有行政违法行为的单位或个人给予的行政制裁。按照《行政处罚法》的规定,行政处罚的种类包括警告、通报批评;罚款、没收违法所得、没收非法财物;暂扣许可证件;行政拘留等。在对生产安全事故的调查处理中,必须实事求是地查明事故的性质和责任。对确定为责任事故的,既要查清事故单位责任者的责任,也要查清对安全生产负有监督管理职责的有关部门是否有违法审批或不依法履行监督管理职责的责任,并根据不同情节,分别给予政务处分或者行政处罚。为了进一步强化安全生产责任人的责任,2014 年修正后的《安全生产法》扩大了对生产经营单位的安全生产管理人员罚款的适用范围,并加大了罚款的力度。

2. 民事责任。这是因安全事故造成人员、他人财产损失,生产事故责任人应当承担的赔偿责任,主要包括造成人身和财产损害两方面的责任。侵害他人造成人身损害的,应当赔偿医疗费、护理费、交通费等为治疗和康复支出的合理费用,以及因误工减少的收入。造成残疾的,还应当赔偿残疾生活辅助器具费和残疾赔偿金。造成死亡的,还应当赔偿丧葬费和死亡赔偿金。侵害他人财产的,财产损失按照损失发生时的市场价格或者其他方式计算。

3. 刑事责任。这是指有依照《刑法》规定构成犯罪的严重违法行为所应承担的法律后果。《刑法》在“危害公共安全罪”一章中规定了重大责任事故罪、重大劳动安全事故罪、危险物品肇事罪、工程重大安全事故罪等九种重大责任事故犯罪的刑事责任。本法“法律责任”一章对生产安全事故造成严重事故后果的,明确规定依照《刑法》追究刑事责任。

关联规定

《行政处罚法》第 9、17－21 条

《安全生产违法行为行政处罚办法》

《应急管理行政执法人员依法履职管理规定》

《刑法》第 134－139 条

《国务院关于特大安全事故行政责任追究的规定》

《国务院关于进一步加强企业安全生产工作的通知》

第十七条　【安全生产权力和责任清单】县级以上各级人民政府应当组织负有安全生产监督管理职责的部门依法编制安全生产权力和责任清单，公开并接受社会监督。

条文注释

本条是2021年《安全生产法》新增加的内容。为全面推进安全生产领域依法行政，负有安全生产监督管理职责的部门应依法编制权责清单，全面彻底梳理安全生产监督管理行政职权，逐项列明设定依据；对没有法定依据的安全生产监督管理行政职权，应及时取消；编制权力清单要依法逐条逐项进行合法性、合理性和必要性审查，在审查过程中，要广泛听取基层、专家学者和社会公众的意见。除保密事项外，负有安全生产监督管理职责的部门要以清单形式将每项职权的名称、编码、类型、依据、行使主体、流程图和监督方式等，及时在政府网站等载体公布。垂直管理的负有安全生产监管监察职责的部门设在地方的具有行政职权的机构，其权力清单由其上级部门进行合法性、合理性和必要性审核确认，并在本机构业务办理窗口、上级部门网站等载体公布，并接受人民群众的社会监督。

在建立权力清单的同时，要按照权责一致的原则，逐一厘清与安全生产监管监察职权相对应的责任事项，建立责任清单，明确责任主体，健全问责机制。负有安全生产监督管理职责的部门的责任清单中，需要明确各有关部门必须承担哪些责任、必须做哪些事情，每个部门的“职责边界”被明确。

已经建立权力清单的，要加快建立责任清单；尚未建立权力清单的，要把建立责任清单作为一项重要改革内容，与权力清单一并推进。

关联规定

《关于推行地方各级政府工作部门权力清单制度的指导意见》

第十八条　【安全生产科学技术研究】国家鼓励和支持安全生产科学技术研究和安全生产先进技术的推广应用，提高安全生产水平。

关联规定

《安全生产科技项目管理规定》

第十九条　【奖励】国家对在改善安全生产条件、防止生产安全事故、参加抢险救护等方面取得显著成绩的单位和个人，给予奖励。

第二章　生产经营单位的安全生产保障

第二十条　【安全生产条件】生产经营单位应当具备本法和有关法律、行政法规和国家标准或者行业标准规定的安全生产条件；不具备安全生产条件的，不得从事生产经营活动。

条文注释

除本法外，其他有关法律、行政法规对生产经营单位必须具备的安全生产条件也作了规定，主要包括：

1.《建筑法》规定，建筑施工企业在编制施工组织设计时，应当根据建筑工程的特点制定相应的安全技术措施；对专业性较强的工程项目，应当编制专项安全施工组织设计，并采取安全技术措施。建筑施工企业应当在施工现场采取维护安全、防范危险、预防火灾等措施；有条件的，应当对施工现场实行封闭管理。施工现场对毗邻的建筑物、构筑物和特殊作业环境可能造成损害的，建筑施工企业应当采取安全防护措施。

2.《安全生产许可证条例》规定，国家对矿山企业、建筑施工企业和危险化学品、烟花爆竹、民用爆炸物品生产企业实行安全生产许可证制度,企业取得安全生产许可证,应当具备下列安全生产条件:(1)建立、健全安全生产责任制,制定完备的安全生产规章制度和操作规程;(2)安全投入符合安全生产要求;(3)设置安全生产管理机构,配备专职安全生产管理人员;(4)主要负责人和安全生产管理人员经考核合格;(5)特种作业人员经有关业务主管部门考核合格,取得特种作业操作资格证书;(6)从业人员经安全生产教育和培训合格;(7)依法参加工伤保险,为从业人员缴纳保险费;(8)厂房、作业场所和安全设施、设备、工艺符合有关安全生产法律、法规、标准和规范要求;(9)有职业危害防治措施,并为从业人员配备符合国家标准或者行业标准的劳动防护用品;(10)依法进行安全评价;(11)有重大危险源检测、评估、监控措施和应急预案;(12)有生产安全事故应急救援预案、应急救援组织或者应急救援人员,配备必要的应急救援器材、设备;(13)法律、法规规定的其他条件。

3.《危险化学品安全管理条例》规定,生产、储存危险化学品的单位,应当对其铺设的危险化学品管道设置明显标志,并对危险化学品管道定期检查、检测。生产、储存危险化学品的单位,应当根据其生产、储存的危险化学品的种类和危险特性,在作业场所设置相应的监测、监控、通风、防晒、调温、防火、灭火、防爆、泄压、防毒、中和、防潮、防雷、防静电、防腐、防泄漏以及防护围堤或者隔离操作等安全设施、设备,并按照国家标准、行业标准或者国家有关规定对安全设施、设备进行经常性维护、保养,保证安全设施、设备的正常使用。使用危险化学品的单位,其使用条件(包括工艺)应当符合法律、行政法规的规定和国家标准、行业标准的要求,并根据所使用的危险化学品的种类、危险特性以及使用量和使用方式,建立、健全使用危险化学品的安全管理规章制度和安全操作规程,保证危险化学品的安全使用。国家对危险化学品经营(包括仓储经营)实行许可制度,从事危险化学品经营的企业应当具备下列条件:(1)有符合国家标准、行业标准的经营场所,储存危险化学品的,还应当有符合国家标准、行业标准的储存设施;(2)从业人员经过专业技术培训并经考核合格;(3)有健全的安全管理规章制度;(4)有专职安全管理人员;(5)有符合国家规定的危险化学品事故应急预案和必要的应急救援器材、设备;(6)法律、法规规定的其他条件。从事危险化学品道路运输、水路运输的,应当分别依照有关道路运输、水路运输的法律、行政法规的规定,取得危险货物道路运输许可、危险货物水路运输许可。危险化学品道路运输企业、水路运输企业的驾驶人员、船员、装卸管理人员、押运人员、申报人员、集装箱装箱现场检查员应当经交通运输主管部门考核合格,取得从业资格。对于法律、行政法规规定的安全生产条件,生产经营单位必须具备,否则不得从事有关的生产经营活动。

关联规定

《建筑法》第36－51条

《安全生产许可证条例》第6、7条

《危险化学品安全管理条例》

第二十一条　【单位主要负责人安全生产职责】生产经营单位的主要负责人对本单位安全生产工作负有下列职责:

(一)建立健全并落实本单位全员安全生产责任制,加强安全生产标准化建设;

(二)组织制定并实施本单位安全生产规章制度和操作规程;

(三)组织制定并实施本单位安全生产教育和培训计划;

(四)保证本单位安全生产投入的有效实施;

(五)组织建立并落实安全风险分级管控和隐患排查治理双重预防工作机制,督促、检查本单位的安全生产工作,及时消除生产安全事故隐患;

(六)组织制定并实施本单位的生产安全事故应急救援预案;

(七)及时、如实报告生产安全事故。

条文注释

本条需要注意的是如何理解“主要负责人”,这一般是指在生产经营单位中起决策作用的领导人,具体要根据实际情况来确定:

1. 主要负责人必须是生产经营单位开展生产经营活动的主要决策人,享有本单位生产经营活动包括安全生产事项的最终决定权,全面领导生产经营活动。例如,生产经营单位的重大生产经营事项应由董事会决策,那么董事长是主要负责人,个人投资生产经营单位的投资人是主要负责人。

2. 主要负责人必须是实际领导、指挥生产经营日常活动的决策人。在一般情况下,生产经营单位主要负责人是其法定代表人。但是某些公司制企业,特别是一些特大集团公司的法定代表人,往往与其子公司的法定代表人同为一人,他不负责企业日常的生产经营活动和安全生产工作,通常是在异地。在这种情况下,那些真正全面组织、领导生产经营活动和安全生产工作的决策人就不一定是集团董事长,而是总经理或者其他人。还有一些不具备企业法人资格的生产经营单位不需要并且也不设法定代表人,这些单位的主要负责人就是其资产所有人或者生产经营负责人。

3. 主要负责人必须是能够承担生产经营单位安全生产全面领导责任的决策人。当董事长或者总经理长期缺位(因生病、学习等情况不能主持全面领导工作)而由其授权或者委托的副职或者其他人全面主持生产经营单位的全面工作时,如果在这种情况下发生安全生产违法行为或者生产安全事故需要追究责任,将长期缺位的董事长或者总经理作为责任人既不合情理又难以执行,只能追究其授权或者委托主持全面工作的实际负责人的法律责任。

第二十二条 【全员安全生产责任制】生产经营单位的全员安全生产责任制应当明确各岗位的责任人员、责任范围和考核标准等内容。

生产经营单位应当建立相应的机制,加强对全员安全生产责任制落实情况的监督考核,保证全员安全生产责任制的落实。

条文注释

本条规定是2014年《安全生产法》增加的内容。2021年《安全生产法》又将“安全生产责任制”改为“全员安全生产责任制”。主要目的是明确全员安全生产责任制这一制度，建立完善全员安全生产责任制的监督考核制度，以确保全员安全生产责任制的落实。全员安全生产责任制应当做到“三定”，即定岗位、定人员、定安全责任，根据岗位的实际工作情况，确定相应的人员，明确岗位职责和相应的安全生产职责，实行“一岗双责”。全员安全生产责任制主要内容应当包括下列五个方面：(1)生产经营单位的各级负责生产和经营的管理人员，在完成生产或经营任务的同时，对保证生产安全负责；(2)各职能部门的人员，对自己业务范围内有关的安全生产负责；(3)班组长、特种作业人员对其岗位的安全生产工作负责；(4)所有从业人员应在自己本职工作范围内做到安全生产；(5)制定完善各类安全责任的考核标准，以及奖惩措施。全员安全生产责任制应当内容全面、要求清晰、操作方便，各岗位的责任人员、责任范围及相关考核标准一目了然。若工作岗位变动，人员调整，生产经营单位应当及时对本单位全员安全生产责任制内容作出相应修改，以适应安全生产工作的需要。

第二十三条 【保证安全生产资金投入】生产经营单位应当具备的安全生产条件所必需的资金投入，由生产经营单位的决策机构、主要负责人或者个人经营的投资人予以保证，并对由于安全生产所必需的资金投入不足导致的后果承担责任。

有关生产经营单位应当按照规定提取和使用安全生产费用，专门用于改善安全生产条件。安全生产费用在成本中据实列支。安全生产费用提取、使用和监督管理的具体办法由国务院财政部门会同国务院应急管理部门征求国务院有关部门意见后制定。

条文注释

理解本条应注意以下两点:

1. 本条规定,生产经营单位应当具备的安全生产条件所必需的资金投入,由生产经营单位的决策机构、主要负责人或者个人经营的投资人予以保证。这一规定,一方面明确了资金投入的最低要求,即必须保证生产经营单位能够持续地具备本法和有关法律、法规、国家标准或者行业标准所规定的安全生产条件;另一方面根据生产经营单位的经济成分、经营方式的不同,明确了资金保证义务的承担主体,即生产经营单位的决策机构、主要负责人或者个人经营的投资人。例如,对于实行公司制的生产经营单位,就要由其决策机构如股东会、董事会,保证其安全生产的资金投入;非公司制的国有生产经营单位、集体生产经营单位就要由其主要负责人保证其安全生产的资金投入;个人投资经营的生产经营单位,如私营企业、合伙企业和个体户等,就要由投资人保证安全生产的资金投入。

2. 生产经营单位的决策机构、主要负责人或者个人经营的投资人应当对由于安全生产所必需的资金投入不足而导致的后果承担责任。这一规定明确了安全生产资金投入的保证主体与法律责任之间的关系。因安全生产所必需的资金投入不足导致生产安全事故发生,造成人员伤亡和财产损失的,生产经营单位的决策机构、主要负责人或者个人经营的投资人应当对后果负责,即承担相应的法律责任,包括民事赔偿责任、行政责任以及刑事责任。本条所称的"生产经营单位的决策机构",是指对生产经营单位的经营方案和投资计划等重大事项进行决策的机构。对于本条而言,主要是指对安全生产资金投入进行决策的机构,如有限责任公司、股份有限公司的股东会或者董事会。

关联规定

《矿山安全法实施条例》第42条

《企业安全生产费用提取和使用管理办法》

第二十四条　【安全生产管理机构及人员】矿山、金属冶炼、建筑施工、运输单位和危险物品的生产、经营、储存、装卸单位，应当设置安全生产管理机构或者配备专职安全生产管理人员。

前款规定以外的其他生产经营单位，从业人员超过一百人的，应当设置安全生产管理机构或者配备专职安全生产管理人员；从业人员在一百人以下的，应当配备专职或者兼职的安全生产管理人员。

条文注释

决定生产经营单位是否设置安全生产管理机构或者配备专职安全生产管理人员的因素主要有两个：一是生产经营单位从事的生产经营活动的危险性；二是生产经营单位从业人员数量。“安全生产管理机构”，是指生产经营单位内部设立的专门负责安全生产管理事务的独立的部门；“专职安全生产管理人员”，是指在生产经营单位中专门负责安全生产管理，不再兼任其他工作的人员。

因矿山、金属冶炼、建筑施工、运输单位和危险物品的生产、经营、储存、装卸单位在生产经营过程中，危险性比较大，因此必须设置安全生产管理机构或者配备专职安全生产管理人员。2021 年《安全生产法》将具有较大危险性的生产经营单位的范围加以扩大，主要有两个方面：一是将原来的“道路运输单位”扩大到“运输单位”，包括道路运输、水路运输、航空运输、铁路运输等；二是将从事危险化学品作业的单位在原来“生产、经营、储存单位”的基础上增加了“装卸单位”。

除矿山、金属冶炼、建筑施工、运输单位和危险物品的生产、经营、储存、装卸单位外，其他生产经营单位，从业人员超过 100 人的多属于人员密集型作业，如服装加工企业、人工装配、包装、制药等场所，也必须设置安全生产管理机构或者配备专职安全生产管理人员。从业人员在 100 人以下的，应当配备专职或者兼职的安全生产管理人员。生产经营单位根据本单位的危险因素、从业人员数量等决定是否设立专职安全生产管理人员；决定不设置专职安全生产管理人员的，应设立兼职安全生产管理人员。

第二十五条　【安全生产管理机构及人员职责】生产经营单位的安全生产管理机构以及安全生产管理人员履行下列职责：

（一）组织或者参与拟订本单位安全生产规章制度、操作规程和生产安全事故应急救援预案；

（二）组织或者参与本单位安全生产教育和培训，如实记录安全生产教育和培训情况；

（三）组织开展危险源辨识和评估，督促落实本单位重大危险源的安全管理措施；

（四）组织或者参与本单位应急救援演练；

（五）检查本单位的安全生产状况，及时排查生产安全事故隐患，提出改进安全生产管理的建议；

（六）制止和纠正违章指挥、强令冒险作业、违反操作规程的行为；

（七）督促落实本单位安全生产整改措施。

生产经营单位可以设置专职安全生产分管负责人，协助本单位主要负责人履行安全生产管理职责。

关联规定

《安全生产法》第21条

第二十六条　【履职要求与履职保障】生产经营单位的安全生产管理机构以及安全生产管理人员应当恪尽职守，依法履行职责。

生产经营单位作出涉及安全生产的经营决策，应当听取安全生产管理机构以及安全生产管理人员的意见。

生产经营单位不得因安全生产管理人员依法履行职责而降低其工资、福利等待遇或者解除与其订立的劳动合同。

危险物品的生产、储存单位以及矿山、金属冶炼单位的安全生产管理人员的任免，应当告知主管的负有安全生产监督管理职责的部门。

条文注释

本条规定是2014年《安全生产法》增加的内容。主要目的有：一是保障安全生产管理人员依法履行职责；二是加强危险物品生产、储存单位以及矿山、金属冶炼单位的安全管理。理解本条应重点注意以下两个方面：

1. 本条第3款禁止生产经营单位因安全生产管理人员依法履行职责而降低其工资、福利等待遇或者解除与其订立的劳动合同。安全生产管理人员享有的上述权利，是法律赋予的，生产经营单位应当保障安全生产管理人员的上述权利，任何人不得侵犯安全生产管理人员依法享有的权利。例如，安全生产管理人员在检查中发现生产经营单位存在重大事故隐患，向本单位有关负责人报告，有关负责人不及时处理，安全生产管理人员向主管的应急管理部门报告，生产经营单位有关负责人便对该安全生产管理人员通过降低其工资、福利待遇等方式，对其进行打击报复，或者因此解除与该安全生产管理人员订立的劳动合同，就是对安全生产管理人员行使正当权利的侵犯。对这类打击报复行为，本条明确规定予以禁止。

2. 从事危险物品生产、储存以及矿山开采、金属冶炼活动，安全风险较大，极易发生生产安全事故。为此，本法第27条、第32条、第33条、第34条、第82条等对危险物品的生产、储存单位以及矿山、金属冶炼单位作出了相应规定，涉及建设项目安全管理、安全生产管理机构及安全生产管理人员配备、应急救援物资器材配备等多个方面。依照本法第27条的规定，危险物品的生产、储存、装卸单位以及矿山、金属冶炼单位的安全生产管理人员必须具有较高的安全生产知识水平和安全管理技能，并经主管的负有安全生产监督管理职责的部门对其考核合格。为了加强危险物品的生产、储存单位以及矿山、金属冶炼单位安全管理，及时了解、掌握安全生产管理人员的配备及调整情况，本条规定，危险物品的生产、储存单位以及矿山、金属冶炼单位的安全生产管理人员的任免，应当告知主管的负有安全生产监督管理职责的部门。这里的"告知"，是一种告知性备案，仅是向主管的负有安全生产监督管理职责的部门告知，不是审批。这样规定，有利于加强生产经营单位和有关主管部门就安全生产工作方面的沟通。危险物品的生产、储存单位以及矿山、金属冶炼单位有权任免安全生产管理人员，这是一项生产经营自主权利，主管的负有安全生产监督管理职责的部门不得干涉，更不能打击报复。

关联规定

《建筑施工企业主要负责人、项目负责人和专职安全生产管理人员安全生产管理规定》

第二十七条 【知识与管理能力】生产经营单位的主要负责人和安全生产管理人员必须具备与本单位所从事的生产经营活动相应的安全生产知识和管理能力。

危险物品的生产、经营、储存、装卸单位以及矿山、金属冶炼、建筑施工、运输单位的主要负责人和安全生产管理人员，应当由主管的负有安全生产监督管理职责的部门对其安全生产知识和管理能力考核合格。考核不得收费。

危险物品的生产、储存、装卸单位以及矿山、金属冶炼单位应当有注册安全工程师从事安全生产管理工作。鼓励其他生产经营单位聘用注册安全工程师从事安全生产管理工作。注册安全工程师按专业分类管理，具体办法由国务院人力资源和社会保障部门、国务院应急管理部门会同国务院有关部门制定。

条文注释

2014年《安全生产法》在本条第2款中增加了金属冶炼单位、道路运输单位的主要负责人、安全生产管理人员的安全生产知识和管理能力要求，删除了考核合格后方可任职的规定，增加了第3款有关注册安全工程师的规定。2021年《安全生产法》在本条第2款增加了危险物品的“装卸”单位的主要负责人、安全生产管理人员的安全生产知识和管理能力要求，将“道路运输单位”扩大至“运输单位”。这样修改的目的，一是加强了危险物品装卸单位、金属冶炼单位、运输单位的安全管理，将其纳入危险物品的生产、储存、装卸单位以及矿山、建筑施工单位等高危领域，明确其主要负责人、安全生产管理人员，应当由主管的负有安全生产监督管理职责的部门对其安全生产知识和管理能力考核合格。二是按照行政审批制度改革的要求，取消危险物品的生产、经营、储存单位以及矿山、建筑施工、金属冶炼、运输单位的主要负责人和安全生产管理人员准入类资格，加强事中事后监管，严格考核合格。三是引进注册安全工程师从事安全生产管理工作，明确危险物品的生产、储存、装卸单位以及矿山、金属冶炼单位应当有注册安全工程师从事安全生产管理工作，鼓励其他生产经营单位聘用注册安全工程师从事安全生产管理工作。本条规定的注册安全工程师，是指经全国统一考试合格，取得中华人民共和国注册安全工程师执业资格证书和执业证，在生产经营单位从事安全生产管理、技术工作或者在安全生产中介机构从事有关安全生产技术服务工作的人员。

本条应注意区分以下两种要求：

1. 对于一般的生产经营单位，其主要负责人必须具备与本单位所从事的生产经营活动相应的安全生产知识和管理能力，这是一项原则要求。如何确定“相应的安全生产知识和管理能力”，既要考虑单位的生产经营范围，又要考虑经营规模，还要考虑单位的性质、危险程度等因素。一般来说，生产经营单位的主要负责人应当具备下列条件：(1)熟悉和了解并能认真贯彻国家有关安全生产的法律、法规、规章和方针政策，以及与本单位有关的安全标准；(2)基本掌握安全分析、安全决策及事故预测和防护知识，具有审查安全建设规划计划、大中修施工方案的安全决策知识；(3)具有一定文化程度，受过一定的安全技术培训，具有一定的从事本行业工作的经验，基本熟悉和掌握对本单位所从事的生产经营活动必需的安全知识；(4)具有一定的组织管理能力，较好地组织和领导本单位的安全生产工作。

2. 对于一般的生产经营单位的安全生产管理人员，对其安全生产知识的要求高于主要负责人，并要有相应的现场安全管理能力，应当具备下列条件：(1)熟悉并能认真贯彻国家有关安全生产的法律、法规、规章和方针政策，以及与本单位有关的安全生产规章制度、操作规程和有关的安全标准；(2)掌握安全分析、安全决策及事故预测和防护知识，具有审查安全建设规划计划、大中修施工方案的安全决策知识；(3)具有一定文化程度，受过一定的安全技术培训，具有从事本行业工作的经验，熟悉和掌握对本单位所从事的生产经营活动必需的安全知识，并能够在安全生产管理工作中熟练地运用；(4)具有一定的组织管理能力，较好地组织和领导相应的安全生产工作，具有较好的现场安全生产管理能力。

关联规定

《安全生产法》第25条

第二十八条 【安全生产教育和培训】生产经营单位应当对从业人员进行安全生产教育和培训，保证从业人员具备必要的安全生产知识，熟悉有关的安全生产规章制度和安全操作规程，掌握本岗位的安全操作技能，了解事故应急处理措施，知悉自身在安全生产方面的权利和义务。未经安全生产教育和培训合格的从业人员，不得上岗作业。

生产经营单位使用被派遣劳动者的，应当将被派遣劳动者纳入本单位从业人员统一管理，对被派遣劳动者进行岗位安全操作规程和安全操作技能的教育和培训。劳务派遣单位应当对被派遣劳动者进行必要的安全生产教育和培训。

生产经营单位接收中等职业学校、高等学校学生实习的，应当对实习学生进行相应的安全生产教育和培训，提供必要的劳动防护用品。学校应当协助生产经营单位对实习学生进行安全生产教育和培训。

生产经营单位应当建立安全生产教育和培训档案，如实记录安全生产教育和培训的时间、内容、参加人员以及考核结果等情况。

条文注释

本条规定的从业人员，主要是指生产经营单位新招收录用的人员、转岗人员等。安全生产教育和培训的内容，主要包括以下几个方面：(1)安全生产的方针、政策、法律、法规以及安全生产规章制度的教育和培训；(2)安全操作技能的教育和培训，我国目前一般实行入厂教育、车间教育和现场教育的三级教育和培训；(3)安全技术知识教育和培训，包括一般性安全技术知识，如单位生产过程中不安全因素及规律、预防事故的基本知识、个人防护用品的佩戴使用、事故报告程序等，以及专业性的安全技术知识，如防火、防爆、防毒等知识；(4)发生生产安全事故时的应急处理措施，以及相关的安全防护知识；(5)从业人员在生产过程中的相关权利和义务；(6)特殊作业岗位的安全生产知识和操作要求等。

关联规定

《教育部、国家安全监管总局关于加强化工安全人才培养工作的指导意见》

第二十九条 【技术更新及教育和培训】生产经营单位采用新工艺、新技术、新材料或者使用新设备，必须了解、掌握其安全技术特性，采取有效的安全防护措施，并对从业人员进行专门的安全生产教育和培训。

条文注释

工艺，是指劳动者利用生产工具通过对各种原材料、半成品进行加工或者处理，如切割、粉碎等，最后使之成为产品的方法，是人类在劳动中积累起来并经过总结的操作技术经验。技术，是指根据生产劳动实践经验和自然科学原理而发展成的各种工艺操作方法与技能，如焊接技术、石材加工技术等。材料，是指经过人类劳动取得的劳动对象，如开采出来的矿砂是冶炼金属的原料。设备，是指可供人们在生产中长期使用，并在反复使用中基本保持原有实物形态和功能的生产资料和物质资料的总称。新工艺、新技术、新材料、新设备，是指在我国首次使用的工艺、技术、材料、设备。

关联规定

《安全生产法》第 97 条

《生产经营单位安全培训规定》

《安全生产培训管理办法》

第三十条 【特种作业人员从业资格】生产经营单位的特种作业人员必须按照国家有关规定经专门的安全作业培训，取得相应资格，方可上岗作业。

特种作业人员的范围由国务院应急管理部门会同国务院有关部门确定。

条文注释

特种作业，是指容易发生事故，对操作者本人、他人的安全健康及设备、设施的安全可能造成重大危害的作业。特种作业的范围由特种作业目录规定。根据《特种作业人员安全技术培训考核管理规定》附件“特种作业目录”，特种作业大致包括：(1)电工作业。这是指对电气设备进行运行、维护、安装、检修、改造、施工、调试等作业(不含电力系统进网作业)。(2)焊接与热切割作业。这是指利用焊接或热切割方法对材料进行加工的作业(不含《特种设备安全监察条例》规定的有关作业)。(3)高处作业。这是指专门或经常在坠落高度基准面 2 米及以上有可能坠落的高处进行的作业。(4)制冷与空调作业。这是指对大中型制冷与空调设备运行操作、安装与修理的作业。(5)煤矿安全作业。(6)金属非金属矿山安全作业。(7)石油天然气安全作业。(8)冶金(有色)生产安全作业。(9)危险化学品安全作业。这是指从事危险化工工艺过程操作及化工自动化控制仪表安装、维修、维护的作业。(10)烟花爆竹安全作业。这是指从事烟花爆竹生产、储存中的药物混合、造粒、筛选、装药、筑药、压药、搬运等危险工序的作业。(11)应急管理部认定的其他作业。直接从事以上特种作业的从业人员,就是特种作业人员。

特种作业人员必须经专门的安全技术培训并考核合格,取得"中华人民共和国特种作业操作证"后,方可上岗作业。没有取得特种作业相应资格的,不得上岗从事特种作业。特种作业人员的资格是安全准入类,属于行政许可范畴,由主管的负有安全生产监督管理职责的部门实施特种作业人员的考核发证工作。

关联规定

《安全生产法》第97条

《特种作业人员安全技术培训考核管理规定》

第三十一条　【建设项目安全设施"三同时"】生产经营单位新建、改建、扩建工程项目(以下统称建设项目)的安全设施,必须与主体工程同时设计、同时施工、同时投入生产和使用。安全设施投资应当纳入建设项目概算。

条文注释

新建、改建、扩建工程项目的安全设施必须与主体工程同时设计、同时施工、同时投入生产和使用,通常称为"三同时"原则。

建设项目安全设施的"三同时"应当达到以下要求:(1)建设项目的设计单位在编制建设项目投资计划文件时,应同时按照有关法律、法规、国家标准或者行业标准以及设计规范,编制安全设施的设计文件。安全设施的设计不得随意降低安全设施的标准。(2)生产经营单位在编制建设项目投资计划和财务计划时,应将安全设施所需投资一并纳入计划，同时编报。(3)对于按照有关规定项目设计需报经主管部门批准的建设项目，在报批时，应当同时报送安全设施设计文件；按照规定，安全设施设计需报主管的负有安全生产监督管理职责的部门审批的，应依法报批。(4)生产经营单位应当要求具体从事建设项目施工的单位严格按照安全设施的施工图纸和设计要求施工。安全设施与主体工程应同时进行施工，安全设施的施工不得偷工减料，降低建设质量。(5)在生产设备调试阶段，应同时对安全设施进行调试和考核，并对其效果进行评价。(6)建设项目验收时，应同时对安全设施进行验收。(7)安全设施应当与主体工程同时投入生产和使用，不得只将主体工程投入使用，而将安全设施摆样子，不予使用。

关联规定

《建筑法》第36－51条

《劳动法》第53条

《矿山安全法》第7条

《建设工程安全生产管理条例》

《建设项目安全设施"三同时"监督管理办法》

《国务院关于进一步加强企业安全生产工作的通知》第13条

第三十二条 【特殊建设项目安全评价】矿山、金属冶炼建设项目和用于生产、储存、装卸危险物品的建设项目，应当按照国家有关规定进行安全评价。

条文注释

本条所称的建设项目的"安全评价"，主要是指在建设项目的可行性研究阶段的安全预评价，即根据建设项目可行性研究阶段报告的内容，运用科学的评价方法，分析和预测该建设项目存在的危险、危害因素的种类和危险、危害程度，提出合理可行的安全技术和管理对策，作为该建设项目初步设计中安全设计和建设项目安全管理、监察的重要依据。安全预评价通过分析生产过程中固有的或潜在的危险因素、危害后果以及消除和控制这些危险因素的技术措施和方案，分析建设项目选址、平面位置、安全措施是否符合法律、法规、国家标准或者行业标准、设计规范等国家规定，提出评价建议，并要求在安全设计中实现这些措施，从而保证建设项目的安全。安全评价一般由生产经营单位委托取得相应资质的为安全生产提供技术服务的机构承担。

关联规定

《建设项目安全设施"三同时"监督管理办法》

《危险化学品建设项目安全监督管理办法》

第三十三条　【特殊建设项目安全设计审查】建设项目安全设施的设计人、设计单位应当对安全设施设计负责。

矿山、金属冶炼建设项目和用于生产、储存、装卸危险物品的建设项目的安全设施设计应当按照国家有关规定报经有关部门审查，审查部门及其负责审查的人员对审查结果负责。

条文注释

建设项目安全设施的设计人、设计单位对安全设施设计负责，应当达到下列要求：(1)设计人、设计单位必须按照资质等级承担相应的安全设施设计任务，不得擅自超越资质等级及业务范围承接任务。(2)设计人、设计单位应当保证安全设施的设计质量。应当严格按照技术标准和合同约定进行设计，加强设计过程的质量控制，保证设计文件符合国家现行的有关法律、法规、工程设计技术标准和合同的规定；设计文件的深度，应当满足相应设计阶段的技术要求。施工图应配套，细部节点应交代清楚，标注说明应清楚、完整；设计中选用的材料、设备等，应注明其规格、型号、性能、色泽等，并提出符合国家规定的质量要求。(3)设计人、设计单位对因安全设施问题造成的后果负责。对于因安全设施设计给生产经营单位造成损失的，应当承担赔偿责任；造成生产安全事故的，还应承担相应的行政责任；造成严重后果，构成犯罪的，依法承担刑事责任。

关联规定

《煤矿安全生产条例》第14、15条

《建设项目安全设施"三同时"监督管理办法》

第三十四条　【特殊建设项目安全设施验收】矿山、金属冶炼建设项目和用于生产、储存、装卸危险物品的建设项目的施工单位必须按照批准的安全设施设计施工，并对安全设施的工程质量负责。

矿山、金属冶炼建设项目和用于生产、储存、装卸危险物品的建设项目竣工投入生产或者使用前，应当由建设单位负责组织对安全设施进行验收；验收合格后，方可投入生产和使用。负有安全生产监督管理职责的部门应当加强对建设单位验收活动和验收结果的监督核查。

条文注释

理解本条应注意以下两点：

1. 加强金属冶炼建设项目和用于装卸危险物品的建设项目的监管，要求建设项目的施工单位必须按照批准的安全设施设计施工，保证安全设施的质量。对于因施工原因造成的质量问题，施工单位承担全部责任。这些责任包括由施工单位对项目存在的质量问题给予修复和赔偿所造成损失的民事责任；由有关主管部门对违法施工的单位给予行政处罚的行政责任；以及造成重大质量事故，构成犯罪的，由司法机关依照刑法的有关规定追究的刑事责任。实行总承包的工程，总承包单位对安全设施工程质量负责。实行分包的工程，分包单位要对其分包的工程质量负责。总承包单位应当与分包单位就分包工程的质量承担连带责任。

2. 本条规定，矿山、金属冶炼建设项目和用于生产、储存、装卸危险物品的建设项目竣工投入生产或者使用前，应当由建设单位负责组织对安全设施进行验收；验收合格后，方可投入生产和使用。这一规定，也是进行行政审批改革的一项措施，取消了政府部门承担的安全设施竣工验收的行政许可。验收的内容，主要是安全设施是否与主体工程同时建成，是否严格按照批准的设施进行施工，工程质量是否符合法律、法规、安全规程和技术标准的要求等。建设单位必须认真负责，严格按照有关规定对其安全设施进行验收。对于未经验收或者经验收但不合格的安全设施，建设单位不得将其投入生产和使用；否则，建设单位将依法承担相应的法律责任。

第三十五条　【安全警示标志】生产经营单位应当在有较大危险因素的生产经营场所和有关设施、设备上，设置明显的安全警示标志。

条文注释

我国目前使用的安全色主要有四种：(1)红色，表示禁止、停止，也代表防火；(2)蓝色，表示指令或必须遵守的规定；(3)黄色，表示警告、注意；(4)绿色，表示安全状态、提示或通行。而我国目前常用的安全警示标志，根据其含义，也可分为四大类：(1)禁止标志，即圆形内画一斜杠，并用红色描画成较粗的圆环和斜杠，表示“禁止”或“不允许”的含义；(2)警告标志，即“△”，三角的背景用黄色，三角图形和三角内的图像均用黑色描绘，警告人们注意可能发生的各种危险；(3)指令标志，即“○”，在圆形内配上指令含义的蓝色，并用白色绘画必须履行的图形符号，构成指令标志，要求到这个地方的人必须遵守；(4)提示标志，以绿色为背景的长方几何图形，配以白色的文字和图形符号，并标明目标的方向，即构成提示标志，如消防设备提示标志等。

第三十六条　【安全设备管理】安全设备的设计、制造、安装、使用、检测、维修、改造和报废，应当符合国家标准或者行业标准。

生产经营单位必须对安全设备进行经常性维护、保养，并定期检测，保证正常运转。维护、保养、检测应当作好记录，并由有关人员签字。

生产经营单位不得关闭、破坏直接关系生产安全的监控、报警、防护、救生设备、设施，或者篡改、隐瞒、销毁其相关数据、信息。

餐饮等行业的生产经营单位使用燃气的，应当安装可燃气体报警装置，并保障其正常使用。

条文注释

安全生产中有两个重要的因素：一是人的因素，即包括从业人员在内的生产经营活动参与者要严格履行安全生产有关的法律、法规和标准、操作规程；二是物的因素，即生产经营活动中使用的设备、装备，所采取的工艺和流程要符合安全生产的要求。安全设备作为生产经营活动的重要设备，其性能优劣以及使用是否得当，直接关系到生产经营活动的安全性，以及在发生生产安全事故时能否及时救援、减少损失。对安全设备从设计到报废的每一个环节都实行标准化管理，对于保证安全设备的性能具有重要意义。生产经营单位作为安全设备的使用单位，规定其使用安全设备过程中的维护、保养、检测等义务，对确保安全设备发挥效用至为关键。

本条第3款是2021年《安全生产法》新增的内容。直接关系生产安全的监控、报警、防护、救生设备、设施能够提醒生产经营状况，并在发生事故时，对从业人员等提供保护。实践中，生产经营单位出于逃避监管等目的，擅自关闭、破坏直接关系生产安全的监控、报警、防护、救生设备、设施，或者篡改、隐瞒、销毁其相关数据、信息的现象时有发生。因此，2021年《安全生产法》增加本款规定。“直接关系生产安全”是指该设备、设施直接检测安全环境数据，关闭、破坏后可能直接导致事故发生，具有重大危险。如果生产经营单位故意关闭、破坏监控、报警设备或者修改设备阈值，破坏检测设备正常工作条件，使有关监控、检测设备不能正常工作，而继续冒险作业，逃避监管，涉嫌危险作业罪。

本条第4款是2021年《安全生产法》新增的内容。燃气属于易燃易爆危险品，一旦爆炸，危害非常大。针对实践中餐饮等行业的生产经营单位使用燃气发生爆炸造成人民群众生命财产巨大损失这一现象，2021年《安全生产法》规定，餐饮等行业的生产经营单位使用燃气的，应当安装可燃气体报警装置，并保障其正常使用。

关联规定

《安全生产法》第11条

《煤炭法》第38条

《矿山安全法》第15条

《危险化学品安全管理条例》第20条

第三十七条　【特殊特种设备的管理】生产经营单位使用的危险物品的容器、运输工具，以及涉及人身安全、危险性较大的海洋石油开采特种设备和矿山井下特种设备，必须按照国家有关规定，由专业生产单位生产，并经具有专业资质的检测、检验机构检测、检验合格，取得安全使用证或者安全标志，方可投入使用。检测、检验机构对检测、检验结果负责。

条文注释

危险物品的容器、运输工具和特种设备，由于其危险性较大，在实践中与其他生产经营所使用的工具有较大的区别，一般实行特殊管理，在生产、检测、检验方面都有更为严格的要求，本条就属于对特殊管理的规定。本条规定是对2009年《安全生产法》第30条的修改，2014年《安全生产法》删除第1款中“生产经营单位使用的涉及生命安全、危险性较大的特种设备”和第2款“涉及生命安全、危险性较大的特种设备的目录由国务院负责特种设备安全监督管理的部门制定，报国务院批准后执行”的规定。这样修改的主要考虑是，《特种设备安全法》已于2014年1月1日起施行，对多数特种设备安全管理已经作出了明确规定，本法已无必要规定所有特种设备的生产和检测、检验；同时，根据管理体制的需要，《特种设备安全法》对部分特种设备的监督管理作了例外规定，本法将涉及人身安全、危险性较大的海洋石油开采特种设备和矿山井下使用的这部分特种设备的监督管理予以明确，就是为了与《特种设备安全法》的例外规定做好衔接。

关联规定

《特种设备安全法》第2、21条

《工业产品生产许可证管理条例》

《危险化学品安全管理条例》第13、20、26、47、49、61、63条

第三十八条　【淘汰制度】国家对严重危及生产安全的工艺、设备实行淘汰制度，具体目录由国务院应急管理部门会同国务院有关部门制定并公布。法律、行政法规对目录的制定另有规定的，适用其规定。

省、自治区、直辖市人民政府可以根据本地区实际情况制定并公布具体目录，对前款规定以外的危及生产安全的工艺、设备予以淘汰。

生产经营单位不得使用应当淘汰的危及生产安全的工艺、设备。

条文注释

根据本条的规定，危及生产安全的工艺、设备分两个等级：一是严重危及生产安全的工艺、设备；二是其他危及生产安全的工艺、设备。本条同时还规定，生产经营单位不得使用应当淘汰的危及生产安全的工艺、设备。这是一项禁止性规定，生产经营单位必须执行，不得继续使用此类工艺和设备，也不得转让他人使用，否则应当承担相应的法律责任。需要注意的是，2009年《安全生产法》规定，生产经营单位不得使用“国家明令淘汰、禁止使用”的工艺、设备，2014年《安全生产法》将之修改为不得使用“应当淘汰”的工艺、设备，这主要考虑到按照修改后的规定，省、自治区、直辖市也可制定并公布

目录对危及生产安全的工艺、设备予以淘汰，这些工艺、设备不是国家层面明令淘汰的，但属于应当淘汰的范畴，生产经营单位也不得使用。

第三十九条　【危险物品的监管】生产、经营、运输、储存、使用危险物品或者处置废弃危险物品的，由有关主管部门依照有关法律、法规的规定和国家标准或者行业标准审批并实施监督管理。

生产经营单位生产、经营、运输、储存、使用危险物品或者处置废弃危险物品，必须执行有关法律、法规和国家标准或者行业标准，建立专门的安全管理制度，采取可靠的安全措施，接受有关主管部门依法实施的监督管理。

条文注释

由于监管的环节较多，危险物品的审批和监管涉及应急管理、公安、交通运输、工商、市场监督管理等多个部门。根据《危险化学品安全管理条例》规定为例，危险化学品的生产、经营、运输、储存和使用涉及多个部门的分工合作：(1)应急管理部门负责危险化学品安全监督管理综合工作，组织确定、公布、调整危险化学品目录，对新建、改建、扩建生产、储存危险化学品（包括使用长输管道输送危险化学品）的建设项目进行安全条件审查，核发危险化学品安全生产许可证、危险化学品安全使用许可证和危险化学品经营许可证，并负责危险化学品登记工作。(2)公安机关负责危险化学品的公共安全管理，核发剧毒化学品购买许可证、剧毒化学品道路运输通行证，并负责危险化学品运输车辆的道路交通安全管理。(3)市场监督管理部门负责核发危险化学品及其包装物、容器（不包括储存危险化学品的固定式大型储罐）生产企业的工业产品生产许可证，并依法对其产品质量实施监督，负责对进出口危险化学品及其包装实施检验。(4)生态环境部负责废弃危险化学品处置的监督管理，组织危险化学品的环境危害性鉴定和环境风险程度评估，确定实施重点环境管理的危险化学品，负责危险化学品环境管理登记和新化学物质环境管理登记；依照职责分工调查相关危险化学品环境污染事故和生态破坏事件，负责危险化学品事故现场的应急环境监测。(5)交通运输主管部门负责危险化学品道路运输、水路运输的许可以及运输工具的安全管理，对危险化学品水路运输安全实施监督，负责危险化学品道路运输企业及水路运输企业驾驶人员、船员、装卸管理人员、押运人员、申报人员、集装箱装箱现场检查员的资格认定。(6)铁路主管部门负责危险化学品铁路运输的安全管理，负责危险化学品铁路运输承运人、托运人的资质审批及其运输工具的安全管理。(7)民用航空主管部门负责危险化学品航空运输以及航空运输企业及其运输工具的安全管理。(8)卫生主管部门负责危险化学品毒性鉴定的管理，负责组织、协调危险化学品事故受伤人员的医疗卫生救援工作。(9)工商行政管理部门依据有关部门的许可证件，核发危险化学品生产、储存、经营、运输企业营业执照，查处危险化学品经营企业违法采购危险化学品的行为。(10)邮政管理部门负责依法查处寄递危险化学品的行为。

关联规定

《产品质量法》第28条

《道路交通安全法》第48条

《环境保护法》第48条

《危险化学品生产企业安全生产许可证实施办法》

《危险化学品经营许可证管理办法》

《危险化学品安全使用许可证实施办法》

《道路危险货物运输管理规定》

《国家安全监管总局关于进一步严格危险化学品和化工企业安全生产监督管理的通知》

第四十条　【重大危险源的管理】生产经营单位对重大危险源应当登记建档,进行定期检测、评估、监控,并制定应急预案,告知从业人员和相关人员在紧急情况下应当采取的应急措施。

生产经营单位应当按照国家有关规定将本单位重大危险源及有关安全措施、应急措施报有关地方人民政府应急管理部门和有关部门备案。有关地方人民政府应急管理部门和有关部门应当通过相关信息系统实现信息共享。

条文注释

本条应注意关于重大危险源安全措施和应急措施的备案的相关规定。根据有关规定,生产经营单位在完成重大危险源安全评估报告或者安全评价报告后一定时间内,应当填写重大危险源备案申请表,连同重大危险源档案材料,报送所在地县级人民政府应急管理部门备案,应急管理部门应当每季度将辖区内的一级、二级重大危险源备案材料报送至设区的市级人民政府应急管理部门。设区的市级人民政府应急管理部门应当每半年将辖区内的一级重大危险源备案材料报送至省级人民政府应急管理部门。重大危险源出现重新辨识、评估和定级后,生产经营单位应当及时更新档案,并向所在地县级人民政府应急管理部门重新备案。此外,生产经营单位新建、改建和扩建危险物品建设项目,应当在建设项目竣工验收前完成重大危险源的辨识、安全评估和分级、登记建档工作,并向所在地县级人民政府应急管理部门备案。

关联规定

《危险化学品重大危险源辨识》(GB 18218－2018)

《危险化学品重大危险源监督管理暂行规定》第2、23、24、30、34条

第四十一条 【事故隐患治理】生产经营单位应当建立安全风险分级管控制度，按照安全风险分级采取相应的管控措施。

生产经营单位应当建立健全并落实生产安全事故隐患排查治理制度，采取技术、管理措施，及时发现并消除事故隐患。事故隐患排查治理情况应当如实记录，并通过职工大会或者职工代表大会、信息公示栏等方式向从业人员通报。其中，重大事故隐患排查治理情况应当及时向负有安全生产监督管理职责的部门和职工大会或者职工代表大会报告。

县级以上地方各级人民政府负有安全生产监督管理职责的部门应当将重大事故隐患纳入相关信息系统，建立健全重大事故隐患治理督办制度，督促生产经营单位消除重大事故隐患。

条文注释

1. 生产经营单位风险分级管控制度。风险分级管控是生产经营单位安全管理的核心，风险分级管控过程中确定的典型控制措施是隐患排查的重要内容。本条第1款规定，“生产经营单位应当建立安全风险分级管控制度”。主要负责人负责建立并落实本单位风险分级管控制度。安全风险管控法律制度的核心内容包括风险识别（排查）、风险评价、风险监控、响应应急预案、预警信息发布等内容。生产经营单位应建立由主要负责人牵头的风险分级管控组织机构，组织各部门分岗位、分工种全面开展风险辨识，并在企业内部建立风险分级管控工作体系。

2. 事故隐患排查治理和建档监控等制度。生产经营单位应当逐级建立并落实从主要负责人到每个从业人员的隐患排查治理和监控责任制。对于一般事故隐患，由生产经营单位（车间、分厂、区队等）负责人或者有关人员立即组织整改。对于重大事故隐患，由生产经营单位主要负责人组织制定并实施事故隐患治理方案。重大事故隐患治理方案应当包括以下内容:(1)治理的目标和任务;(2)采取的方法和措施;(3)经费和物资的落实;(4)负责治理的机构和人员;(5)治理的时限和要求;(6)安全措施和应急预案。

生产经营单位在事故隐患治理过程中,应当采取相应的安全防范措施,防止事故发生。事故隐患排除前或者排除过程中无法保证安全的,应当从危险区域内撤出作业人员,并疏散可能危及的其他人员,设置警戒标志,暂时停产停业或者停止使用;对暂时难以停产或者停止使用的,应该采取合理措施,防止生产安全事故发生。

生产经营单位将生产经营项目、场所、设备发包、出租的,应当与承包、承租单位签订安全生产管理协议,并在协议中明确各方对事故隐患排查、治理和防控的管理职责。生产经营单位对承包、承租单位的事故隐患排查治理负有统一协调和监督管理的职责。

3. 事故隐患排查治理情况通报制度。生产经营单位应当如实记录事故隐患排查治理情况,并通过职工大会或者职工代表大会、信息公示栏等方式向从业人员通报。重大事故隐患排查治理情况应当及时向负有安全生产监督管理职责的部门和职工大会或者职工代表大会报告。重大事故隐患报告内容应当包括:(1)隐患的现状及其产生原因;(2)隐患的危害程度和整改难易程度分析;(3)隐患的治理方案。

4. 重大事故隐患治理督办制度。本条第3款规定,县级以上地方各级人民政府负有安全生产监督管理职责的部门应当将重大事故隐患纳入相关信息系统,建立健全重大事故隐患治理督办制度,督促生产经营单位消除重大事故隐患。这里所说的“督办”,是指监管部门要对发现的或者有关单位和个人报告的重大事故隐患登记建档,督促生产经营单位及时采取措施消除隐患。要对重大事故隐患治理全程督办,从过程到结果都要负责,确保消除重大事故隐患。

负有安全生产监督管理职责的部门对检查过程中发现的重大事故隐患,应当下达整改指令书,并建立信息管理台账。必要时,报告同级人民政府并对重大事故隐患实行挂牌督办。已经取得安全生产许可证的生产经营单位,在其被挂牌督办的重大事故隐患治理结束前，负有安全生产监督管理职责的部门应当加强监督检查。必要时，可以提请原许可证颁发机关依法暂扣其安全生产许可证。负有安全生产监督管理职责的部门应当会同有关部门把重大事故隐患整改纳入重点行业领域的安全专项整治中加以治理，落实相应责任。对挂牌督办并采取全部或者局部停产停业治理的重大事故隐患，负有安全生产监督管理职责的部门收到生产经营单位恢复生产的申请报告后，应当进行现场审查。审查合格的，对事故隐患进行核销，同意恢复生产经营；审查不合格的，依法责令改正或者下达停产整改指令。对整改无望或者生产经营单位拒不执行整改指令的，依法实施行政处罚；不具备安全生产条件的，依法提请县级以上人民政府按照国务院规定的权限予以关闭。

关联规定

《煤矿重大事故隐患判定标准》

《煤矿隐患排查和整顿关闭实施办法(试行)》

《国家安全监管总局关于严防十类非煤矿山生产安全事故的通知》

第四十二条 【生产经营场所和员工宿舍安全要求】生产、经营、储存、使用危险物品的车间、商店、仓库不得与员工宿舍在同一座建筑物内，并应当与员工宿舍保持安全距离。

生产经营场所和员工宿舍应当设有符合紧急疏散要求、标志明显、保持畅通的出口、疏散通道。禁止占用、锁闭、封堵生产经营场所或者员工宿舍的出口、疏散通道。

条文注释

理解本条应注意，保证生产经营场所和员工宿舍出口的畅通十分重要。这一方面有利于发生生产安全事故时从业人员的撤离，减少人员的伤亡；另一方面也有利于救援队伍及时进入事故现场，开展抢救工作，防止事故扩大，尽量减少事故造成的损失。实践中，一些生产经营单位的生产经营场所或者员工宿舍的建设不符合安全要求，不设紧急出口、疏散通道。有的虽然设了紧急出口、疏散通道，但标志不明显或者不能保持畅通，发生事故时起不到紧急疏散作用。也有一些生产经营单位出于各种目的，占用、锁闭、封堵生产经营场所或者员工宿舍的出口、疏散通道，致使发生事故时员工不能及时疏散并逃生出去，造成大量人员伤亡。

第四十三条　【危险作业的现场安全管理】生产经营单位进行爆破、吊装、动火、临时用电以及国务院应急管理部门会同国务院有关部门规定的其他危险作业，应当安排专门人员进行现场安全管理，确保操作规程的遵守和安全措施的落实。

条文注释

本条规定中的爆破、吊装是危险作业，为达到既方便施工又保证安全的目的，必须规定一些特殊的安全管理要求，这也是实践中的一贯做法。例如，申请从事爆破作业的单位，应当具备一定的条件，如有符合国家有关标准和规范的民用爆炸物品专用仓库，有具备相应资格的安全管理人员、仓库管理人员和具备国家规定执业资格的爆破作业人员，有符合国家标准、行业标准的爆破作业专用设备等。爆破作业单位应当对本单位的爆破作业人员、安全管理人员、仓库管理人员进行专业技术培训。爆破作业人员应当经设区的市级人民政府公安机关考核合格，取得爆破作业人员许可证后，方可从事爆破作业。爆破作业单位应当按照其资质等级承接爆破作业项目，爆破作业人员应当按照其资格等级从事爆破作业。实施爆破作业，应当遵守国家有关标准和规范，在安全距离以外设置警示标志并安排警戒人员，防止无关人员进入；爆破作业结束后应当及时检查、排除未引爆的民用爆炸物品。

关联规定

《民用爆炸物品安全管理条例》第31－39条

《建筑机械使用安全技术规程》

第四十四条 【从业人员的安全管理】生产经营单位应当教育和督促从业人员严格执行本单位的安全生产规章制度和安全操作规程;并向从业人员如实告知作业场所和工作岗位存在的危险因素、防范措施以及事故应急措施。

生产经营单位应当关注从业人员的身体、心理状况和行为习惯,加强对从业人员的心理疏导、精神慰藉,严格落实岗位安全生产责任,防范从业人员行为异常导致事故发生。

条文注释

本条对从业人员知情权的保障作出了规定。知情权是一种基本人权,属于生存权和发展权的一部分。劳动者职业安全健康知情权的范围很广,与生命健康权有着密切的联系。可能造成本人人身伤害的职业危害及其避免遭受危害的知情权的实现,是保护劳动者自身生命健康权的重要前提。本条主要从要求生产经营单位对作业场所和工作岗位存在危险因素、防范措施以及应急措施等情况向从业人员予以告知的角度,对保障从业人员的知情权问题进行了规定。

向从业人员告知作业场所和工作岗位的危险因素、防范措施以及事故应急措施,是保障从业人员知情权的重要内容。因此,本条把这一告知义务规定为生产经营单位强制性的法定义务,生产经营单位必须遵守。生产经营单位应当如实告知,是指按实际情况告知从业人员,不得隐瞒,不得省略,更不能欺骗从业人员。告知的内容包括三个方面:(1)作业场所和工作岗位存在的危险因素的种类、性质以及可能导致何种生产安全事故;(2)对这些危险因素的防范措施;(3)针对该作业场所和工作岗位的可能导致的生产安全事故的种类和特点,事先制定的在发生生产安全事故时的应急措施。告知的形式可以是多种多样的,如组织从业人员进行学习,或者在作业场所和工作岗位设置公告栏,将有关内容予以公告等。

本条第2款为2021年《安全生产法》新增加的内容。随着安全技术的发展,机械化减人、信息化换人取得巨大进步,因技术、设备等因素导致生产安全事故的情况逐步减少。但现代社会,从业人员的身体、心理压力越来越大,因从业人员身体、心理和行为习惯导致的零星事故时有发生。因此,2021年《安全生产法》增加规定,生产经营单位应当关注从业人员的身体、心理状况和行为习惯,加强对从业人员的心理疏导、精神慰藉,严格落实岗位安全生产责任,防范从业人员行为异常导致事故发生。

第四十五条 【劳动防护用品】生产经营单位必须为从业人员提供符合国家标准或者行业标准的劳动防护用品,并监督、教育从业人员按照使用规则佩戴、使用。

条文注释

劳动防护用品主要是指劳动者在生产过程中为免遭或者减轻事故伤害和职业危害所配备的防护装备。劳动防护用品可分为一般劳动防护用品和特种劳动防护用品。一般劳动防护用品是指普遍适用于各行业、各岗位劳动者的防护用品,如工作服、工作帽、工作手套等。特种劳动防护用品是指对特种作业、危险作业等特殊环境下作业使用的劳动防护用品,如在噪音、强光条件下工作的工人佩戴的护耳器、防护眼睛的器具,给高空作业的工人提供的安全带,给从事电器操作的工人提供的绝缘靴、绝缘手套等。

第四十六条 【安全检查和报告】生产经营单位的安全生产管理人员应当根据本单位的生产经营特点,对安全生产状况进行经常性检查;对检查中发现的安全问题,应当立即处理;不能处理的,应当及时报告本单位有关负责人,有关负责人应当及时处理。检查及处理情况应当如实记录在案。

生产经营单位的安全生产管理人员在检查中发现重大事故隐患,依照前款规定向本单位有关负责人报告,有关负责人不及时处理的，安全生产管理人员可以向主管的负有安全生产监督管理职责的部门报告，接到报告的部门应当依法及时处理。

条文注释

2014年《安全生产法》对原法条第38条进行了修改，在第1款中增加规定生产经营单位负责人在接到安全生产管理人员的报告后，应当对安全问题及时处理。另外，还增加了第2款，规定有关负责人不及时处理的，安全生产管理人员可以向主管的负有安全生产监督管理职责的部门报告，接到报告的部门应当依法及时处理。这样修改的目的是强化重大事故隐患的查处力度，明确了安全生产管理人员可以向有关主管部门报告的权利，以及有关主管部门应当依法处理的职责，及时排除重大隐患，防止生产安全事故的发生。

第四十七条　【经费保障】生产经营单位应当安排用于配备劳动防护用品、进行安全生产培训的经费。

条文注释

生产经营单位的安全生产经费问题，是关系到本法是否能够得到有效实施的一个重要问题。本法用多个条款对这一问题作了规定，包括要求生产经营单位的决策机构、主要负责人或者个人经营的投资人保证本单位应当具备安全生产条件所必需的资金投入，生产经营单位应当按照规定提取和使用安全生产经费专门用于改善安全生产条件，还要求生产经营单位将新建、改建、扩建工程项目的安全设施投资纳入建设项目概算。

需要注意的是，为从业人员配备劳动防护用品、进行安全生产培训是生产经营单位的法定义务。应当由生产经营单位安排相关经费，生产经营单位不得让从业人员承担这些费用，不得让从业人员缴纳劳动防护用品费、培训费等费用，不得以这些费用为由克扣从业人员的工资、福利等待遇。

第四十八条　【安全生产管理协议】两个以上生产经营单位在同一作业区域内进行生产经营活动，可能危及对方生产安全的，应当签订安全生产管理协议，明确各自的安全生产管理职责和应当采取的安全措施，并指定专职安全生产管理人员进行安全检查与协调。

条文注释

需要注意的是，本条规定是强行性规定。各生产经营单位之间的谈判过程可以是自由进行的，谈判达成的协议中关于安全生产管理职责和责任的分配也可以自主决定，但是，多个生产经营单位只要符合本条规定的情形，就必须签订安全生产管理协议，并且协议应当有关于各方安全生产管理职责和应当采取的安全措施的内容。安全生产管理协议不同于一般的业务合同，它本身与生产经营单位的营利业务没有直接关系，反而增加了生产经营单位的职责，很可能被生产经营单位视为"累赘"，得不到应有的重视。同时，安全生产管理协议既是有关生产经营单位履行各自安全生产管理职责的依据，也是判明生产安全事故责任的一个重要依据。因此，本条规定必须签订安全生产管理协议，违反规定的，应当承担相应的法律责任。

第四十九条　【发包或出租的安全生产责任】生产经营单位不得将生产经营项目、场所、设备发包或者出租给不具备安全生产条件或者相应资质的单位或者个人。

生产经营项目、场所发包或者出租给其他单位的，生产经营单位应当与承包单位、承租单位签订专门的安全生产管理协议，或者在承包合同、租赁合同中约定各自的安全生产管理职责；生产经营单位对承包单位、承租单位的安全生产工作统一协调、管理，定期进行安全检查，发现安全问题的，应当及时督促整改。

矿山、金属冶炼建设项目和用于生产、储存、装卸危险物品的建设项目的施工单位应当加强对施工项目的安全管理，不得倒卖、出租、出借、挂靠或者以其他形式非法转让施工资质，不得将其承包的全部建设工程转包给第三人或者将其承包的全部建设工程支解以后以分包的名义分别转包给第三人，不得将工程分包给不具备相应资质条件的单位。

条文注释

2014年《安全生产法》对原法条第41条进行了修改，与原法条相比，将“生产经营项目、场所有多个承包单位、承租单位的”，修改为“生产经营项目、场所发包或者出租给其他单位的”。同时增加“定期进行安全检查，发现安全问题的，应当及时督促整改”的规定。这样修改的目的，一是明确生产经营单位将项目、场所无论发包、出租给一个单位，还是多个单位，都应当与承包单位、承租单位签订专门的安全生产管理协议；二是进一步明确生产经营单位将项目、场所发包、出租给其他单位后，除对承包单位、承租单位的安全生产工作统一协调、管理外，还应当定期进行安全检查，发现安全问题的，应当及时督促整改，有利于加强发包、出租的安全管理。

本条还应注意的是，生产经营单位与承包单位、承租单位在安全生产管理方面的决定，只对约定双方有约束力，不具有对外效力。也就是说，生产经营单位不能因为有了约定而减轻自己在安全生产方面的责任，生产经营单位应对该项目、场所的安全生产全面负责。生产经营单位对承包单位、承租单位的安全生产工作统一协调、管理，还要定期进行安全检查，发现安全问题的，应当及时督促整改。如果该生产经营项目、场所有违反本法或有关法律、行政法规关于安全生产的管理规定的行为，应由生产经营单位承担相应的责任；如果发生了安全生产事故，生产经营单位应承担相应的责任。生产经营单位在承担了相应的责任后，可以根据安全生产管理协议的约定，追究承包单位、承租单位的责任。

关联规定

《建筑法》第13、26、29条

第五十条　【单位主要负责人组织事故抢救职责】生产经营单位发生生产安全事故时，单位的主要负责人应当立即组织抢救，并不得在事故调查处理期间擅离职守。

条文注释

2014年《安全生产法》对原法条第42条进行了修改，与原法条相比，删除“重大”两字，将生产经营单位发生“重大生产安全事故”，修改为发生“生产安全事故”。这样修改的目的是进一步明确发生生产安全事故后主要负责人的职责，即发生一般、较大、重大、特别重大等任何等级的生产安全事故，作为本单位的主要负责人都应当立即组织抢救，并不得在事故调查处理期间擅离职守。

关联规定

《安全生产法》第5、82、83条

第五十一条　【工伤保险和安全生产责任险】生产经营单位必须依法参加工伤保险，为从业人员缴纳保险费。

国家鼓励生产经营单位投保安全生产责任保险；属于国家规定的高危行业、领域的生产经营单位，应当投保安全生产责任保险。具体范围和实施办法由国务院应急管理部门会同国务院财政部门、国务院保险监督管理机构和相关行业主管部门制定。

条文注释

1. 工伤保险。

工伤保险是指职工在劳动过程中发生生产安全事故以及职业病，暂时或者永久地丧失劳动能力时，在医疗和生活上获得物质帮助的一种社会保险制度。2003年，国务院制定并公布了《工伤保险条例》，并于2010年进行了修订。根据修订后的《工伤保险条例》的规定，中华人民共和国境内的企业、事业单位、社会团体、民办非企业单位、基金会、律师事务所、会计师事务所等组织的职工和个体工商户的雇工，均有依照该条例的规定享受工伤保险待遇的权利。职工发生事故伤害或者按照《职业病防治法》规定被诊断、鉴定为职业病，所在单位应当自事故伤害发生之日或者被诊断、鉴定为职业病之日起30日内，向统筹地区社会保险行政部门提出工伤认定申请。遇有特殊情况，经报社会保险行政部门同意，申请时限可以适当延长。用人单位未按上述规定提出工伤认定申请的，工伤职工或者其近亲属、工会组织在事故伤害发生之日或者被诊断、鉴定为职业病之日起1年内，可以直接向用人单位所在地统筹地区社会保险行政部门提出工伤认定申请。

2. 安全责任保险。

根据《保险法》的规定，责任保险是指以被保险人对第三者依法应负的赔偿责任为保险标的的保险。安全生产责任保险是以生产经营过程中因发生意外事故，造成人身伤亡或财产损失，依法应由生产经营单位承担的经济赔偿责任为保险标的(是指作为保险对象的财产及其有关利益，或者是人的寿命和身体，它是保险利益的载体)，保险公司按相关保险条款的约定对保险人以外的第三者进行赔偿的责任保险。

关联规定

《特种设备安全法》第17条

《社会保险法》第33－43条

《工伤保险条例》

《工伤认定办法》

《国务院关于进一步加强企业安全生产工作的通知》

第三章　从业人员的安全生产权利义务

第五十二条　【劳动合同的安全条款】生产经营单位与从业人员订立的劳动合同，应当载明有关保障从业人员劳动安全、防止职业危害的事项，以及依法为从业人员办理工伤保险的事项。

生产经营单位不得以任何形式与从业人员订立协议，免除或者减轻其对从业人员因生产安全事故伤亡依法应承担的责任。

条文注释

根据《劳动法》的规定，劳动合同是劳动者与用人单位确立劳动关系，明确双方权利和义务的协议。在此协议中必须具备以下条款：劳动合同期限；工作内容；劳动保护和劳动条件；劳动报酬；劳动纪律；劳动合同终止的条件；违反劳动合同的责任。根据《劳动合同法》的规定，用人单位招用劳动者时，应当如实告知劳动者工作内容、工作条件、工作地点、职业危害、安全生产状况等情况；建立劳动关系，应当订立书面劳动合同。劳动合同应当具备劳动保护、劳动条件和职业危害防护、社会保险等条款。本法从保护从业人员劳动安全，维护从业人员安全生产方面的合法权益的角度，进一步具体规定了劳动合同应当载明的两个法定事项和不得出现的事项：

1. 保障从业人员劳动安全，防止职业危害的事项。本条第1款针对这种情况作出了强制性规定，这是生产经营单位必须履行的一项义务，是从业人员享有的一项重要的权利。生产经营单位必须按照这一款规定履行义务，以确保从业人员的知情权，保护从业人员的劳动安全。

2. 办理工伤保险的事项。社会保险是政府通过立法强制实施，保障劳动者基本生活需求的社会保障制度。《社会保险法》规定，国家建立基本养老保险、基本医疗保险、工伤保险、失业保险、生育保险等社会保险制度，保障公民在年老、疾病、工伤、失业、生育等情况下依法从国家和社会获得物质帮助的权利。职工应当参加工伤保险，由用人单位缴纳工伤保险费，职工不缴纳工伤保险费。

3. 不得免除或者减轻的责任。实践中曾出现过，采矿业、建筑业的一些生产经营单位强迫劳动者与其订立违反法律规定，逃避安全事故责任的协议。本条作出了有针对性的禁止规定。这项规定很明确地表明了以下意思：第一，禁止订立这种违法的协议；第二，任何形式的这种协议都在禁止之列，比如一度猖獗的“生死合同”以及其他各种形式的非法协议，都在禁止范围内；第三，订立了这种合同的，并不能免除或者减轻生产安全事故的责任，即从法律上不承认这种合同是合法的、有效的。《劳动合同法》中明确规定，用人单位免除自己的法定责任、排除劳动者权利的劳动合同无效。无效的劳动合同，从订立时起就没有法律约束力。

关联规定

《劳动法》第3、33、42、52－57、92条

《劳动合同法》第4、8、51、52条

第五十三条　【知情权和建议权】生产经营单位的从业人员有权了解其作业场所和工作岗位存在的危险因素、防范措施及事故应急措施，有权对本单位的安全生产工作提出建议。

第五十四条　【批评、检举、控告、拒绝权】从业人员有权对本单位安全生产工作中存在的问题提出批评、检举、控告；有权拒绝违章指挥和强令冒险作业。

生产经营单位不得因从业人员对本单位安全生产工作提出批评、检举、控告或者拒绝违章指挥、强令冒险作业而降低其工资、福利等待遇或者解除与其订立的劳动合同。

条文注释

本条应着重注意以下两个方面：

1. 从业人员享有的拒绝违章指挥、强令冒险作业权，是保护从业人员生命安全和健康的一项重要的权利。《劳动法》也规定，劳动者对用人单位管理人员的违章指挥、强令冒险作业，有权拒绝执行。这里规定的违章指挥，主要是指生产经营单位的负责人、生产管理人员和工程技术人员违反规章制度，不顾从业人员的生命安全和健康，指挥从业人员进行生产活动的行为。强令冒险作业，是指生产经营单位管理人员对于存在危及作业人员人身安全的危险因素而又没有相应的安全保护措施的作业，不顾从业人员的生命安全和健康，强迫命令从业人员进行作业。这些都对从业人员生命安全和健康构成极大威胁。为了保护自己的生命安全和健康，对于生产经营单位的这种行为，劳动者有权予以拒绝。

2. 对从业人员行使监督权利的保护，主要体现为在两种情况下禁止生产经营者解除劳动合同：

第一种情况是，本条第2款规定了禁止生产经营单位因从业人员行使第1款规定的权利而降低其工资、福利等待遇或者解除与其订立的劳动合同。这一规定包含四项含义：(1)生产经营单位不得因从业人员对本单位安全生产工作提出批评、检举、控告而降低其工资、福利等待遇；(2)生产经营单位不得因从业人员对本单位安全生产工作提出批评、检举、控告而解除与其订立的劳动合同；(3)生产经营单位不得因从业人员拒绝违章指挥、强令冒险作业而降低其工资、福利等待遇；(4)生产经营单位不得因从业人员拒绝违章指挥、强令冒险作业而解除与其订立的劳动合同。

第二种情况是，生产经营单位不得因从业人员拒绝违章指挥、强令冒险作业而解除与其订立的劳动合同。根据《劳动合同法》的规定，劳动者拒绝用人单位管理人员违章指挥、强令冒险作业的，不视为违反劳动合同。用人单位违章指挥、强令冒险作业危及劳动者人身安全的，劳动者可以立即解除劳动合同，不需事先告知用人单位。这是从另一个方面赋予从业人员的权利。另外，《劳动合同法》

还规定，用人单位有违章指挥或者强令冒险作业危及劳动者人身安全的行为的，依法给予行政处罚；构成犯罪的，依法追究刑事责任；给劳动者造成损害的，应当承担赔偿责任。

关联规定

《劳动法》第56、93条

《劳动合同法》第32、38、88条

第五十五条 【紧急撤离权】从业人员发现直接危及人身安全的紧急情况时，有权停止作业或者在采取可能的应急措施后撤离作业场所。

生产经营单位不得因从业人员在前款紧急情况下停止作业或者采取紧急撤离措施而降低其工资、福利等待遇或者解除与其订立的劳动合同。

条文注释

在法律所限定的特定情况下，赋予从业人员采取特定措施的权利，简称紧急撤离权，目的是保护从业人员的人身安全。法律所限定的特定情况是“发现直接危及人身安全的紧急情况”，这是从业人员行使紧急撤离权的前提条件，也就是说，从业人员紧急撤离权，需要在法律所限定的特定情况下行使，即发现直接危及人身安全的紧急情况，如果不撤离会对其生命安全和健康造成直接的威胁。紧急撤离权包括两层含义：一是停止作业马上撤离作业场所；二是在采取可能的应急措施后撤离作业场所。需要注意的是，行使权利的选择权在从业人员，不要求从业人员应当在采取可能的应急措施后或者在征得有关负责人员同意后撤离作业场所。当然，在条件允许的情况下，从业人员可以事先报告或者采取可能的应急措施后再撤离作业场所。

与前一条规定相类似，生产经营单位如果降低从业人员的工资、福利等待遇或者解除与其订立的劳动合同，则该类行为归于无效，对降低的工资要给从业人员补发，对福利予以恢复。解除合同的行为无效,原劳动合同依然具有法律效力。《劳动法》《劳动合同法》都相应规定,有法律、行政法规规定的其他情形的,用人单位不得解除劳动合同。本条规定即属于《安全生产法》规定的不得解除劳动合同的特别情形。

第五十六条　【及时救治及获得赔偿权】生产经营单位发生生产安全事故后,应当及时采取措施救治有关人员。

因生产安全事故受到损害的从业人员,除依法享有工伤保险外,依照有关民事法律尚有获得赔偿的权利的,有权提出赔偿要求。

条文注释

本条第1款为2021年《安全生产法》新增加的内容,规定了生产经营单位的及时救治义务。生产事故发生后,生产经营单位立即启动并实施应急预案,应当立即采取措施救治有关人员,这对减少生产安全事故伤亡具有重要意义。生产经营单位没有采取措施救治有关人员的,应承担民事责任、行政责任甚至刑事责任。

我国工伤保险制度对解决劳动者工伤情况下的相关费用发挥了很大的作用,根据《社会保险法》的规定,工伤保险待遇包括治疗工伤的医疗费用和康复费用、住院伙食补助费、到统筹地区以外就医的交通食宿费、安装配置伤残辅助器具所需费用,生活不能自理的还可以获得生活护理费,伤残的可以获得相应的一次性伤残补助金等,终止或者解除劳动合同时可获得一次性医疗补助金,因工死亡的还包括丧葬补助金、供养亲属抚恤金和因公死亡补助金等。

用人单位为劳动者参加工伤保险,并不意味着绝对排除了其在劳动者遭受工伤时的民事赔偿责任。由于工伤保险待遇项目有确定的范围,有的项目赔偿标准也不高,有些情况下劳动者通过工伤保险并不能得到充分救济,而侵权损害赔偿可以更好填补受害人及其亲属的相关损失。例如,侵害他人人身权益,造成他人严重精神损害的，被侵权人可以请求精神损害赔偿。再如，根据相关司法解释的规定，受害人死亡的，赔偿义务人应当赔偿受害人亲属办理丧葬事宜支出的交通费、住宿费和误工损失等合理费用，这些赔偿项目都不属于工伤保险待遇的范围。另外，工伤保险对劳动者就医的医院以及治疗所使用的药品范围等都有比较多的限制，有关费用需要劳动者通过向用人单位主张侵权损害赔偿获得救济。

关联规定

《社会保险法》第36、38、41条

第五十七条　【服从安全管理义务】从业人员在作业过程中，应当严格落实岗位安全责任，遵守本单位的安全生产规章制度和操作规程，服从管理，正确佩戴和使用劳动防护用品。

第五十八条　【接受安全生产教育和培训义务】从业人员应当接受安全生产教育和培训，掌握本职工作所需的安全生产知识，提高安全生产技能，增强事故预防和应急处理能力。

第五十九条　【事故隐患和不安全因素的报告、处理义务】从业人员发现事故隐患或者其他不安全因素，应当立即向现场安全生产管理人员或者本单位负责人报告；接到报告的人员应当及时予以处理。

条文注释

1. 本条对从业人员发现事故隐患或者其他不安全因素规定了报告义务，这也符合职工参与安全生产工作的机制要求。其报告义务有两点要求：一是在发现上述情况后，应当立即报告，因为安全生产事故的特点之一是突发性，如果拖延报告，则使事故发生的可能性加大，发生了事故则悔之晚矣。二是接受报告的主体是现场安全生产管理人员或者本单位的负责人，以便于对事故隐患或者其他不安全因素及时作出处理，避免事故的发生。接到报告的人员须及时进行处理，以防止有关人员延误消除事故隐患的时机。

2. 本条还规定了现场安全生产管理人员或者本单位负责人的及时处理义务。根据本法第41条的规定，对于事故隐患，生产经营单位应当建立健全并落实生产安全事故隐患排查治理制度，采取技术、管理措施，及时发现并消除事故隐患。第21条规定，生产经营单位的主要负责人具有组织建立并落实安全风险分级管控和隐患排查治理双重预防工作机制，督促、检查本单位的安全生产工作，及时消除生产安全事故隐患的职责。第46条规定，生产经营单位的安全生产管理人员对检查中发现的安全问题，应当立即处理；不能处理的，应当及时报告本单位有关负责人，有关负责人应当及时处理。检查及处理情况应当如实记录在案。

关联规定

《安全生产事故隐患排查治理暂行规定》第3条

《煤矿安全生产条例》第36条

第六十条　【工会监督】工会有权对建设项目的安全设施与主体工程同时设计、同时施工、同时投入生产和使用进行监督，提出意见。

工会对生产经营单位违反安全生产法律、法规，侵犯从业人员合法权益的行为，有权要求纠正；发现生产经营单位违章指挥、强令冒险作业或者发现事故隐患时，有权提出解决的建议，生产经营单位应当及时研究答复；发现危及从业人员生命安全的情况时，有权向生产经营单位建议组织从业人员撤离危险场所，生产经营单位必须立即作出处理。

工会有权依法参加事故调查，向有关部门提出处理意见，并要求追究有关人员的责任。

条文注释

本条应注意工会有三个方面的职责：

1. 工会有权对建设项目的安全设施提出意见。本法第31条已经明确规定:“生产经营单位新建、改建、扩建工程项目(以下统称建设项目)的安全设施,必须与主体工程同时设计、同时施工、同时投入生产和使用。安全设施投资应当纳入建设项目概算。”依照《工会法》第23条的规定,工会依照国家规定对新建、扩建企业和技术改造工程中的劳动条件和安全卫生设施与主体工程同时设计、同时施工、同时投产使用进行监督。由此可见,工会既可以在设计阶段、施工阶段对建设项目的安全设施提出意见,也可以在投产前的检查验收中提出意见;既可以要求生产经营单位按照国家规定增加或者补建安全设施,也可以要求依法改善劳动条件,还可以建议停止施工、投产,待安全设施配套时再行施工等。

2. 工会具有对违法行为要求纠正和对安全生产工作的建议权。依照本条第2款的规定,工会发现生产经营单位违章指挥、强令冒险作业,或者发现事故隐患时,有权提出解决的建议。生产经营单位应当及时研究工会的意见,不得推诿,并将处理结果通知工会。工会发现危及从业人员生命安全的情况时,例如矿山开采出现透水事故苗头时,有权向生产经营单位建议组织从业人员撤离危险场所,生产经营单位必须立即果断地作出处理决定,避免伤亡事故的发生。需要说明的是,依照本条及《工会法》的规定,工会对纠正生产经营单位的违章指挥,对组织从业人员撤离危险场所,都是向生产经营单位提出建议,而不是去直接制止或者组织撤离。这样规定是因为生产经营管理权是生产经营单位主要负责人的职责,保障安全生产也是单位负责人的职责,涉及生产的指挥和组织问题应当由生产经营单位决定。工会的建议权与生产经营单位的经营管理权目标是一致的。

3. 工会具有参加安全生产事故调查处理权。工会根据调查的实际情况,提出处理意见,对造成事故的直接负责的主管人员和其他直接责任人员,有权要求追究其法律责任。对此,《工会法》第27条规定,职工因工伤亡事故和其他严重危害职工健康问题的调查处理,必须有工会参加。工会应当向有关部门提出处理意见,并有权要求追究直接负责的主管人员和有关责任人员的责任。对工会提出的意见,应当及时研究,给予答复。本法从安全生产专门立法的角度重申了这一规定。

关联规定

《工会法》第 24－28、31 条

第六十一条　【被派遣劳动者的权利义务】生产经营单位使用被派遣劳动者的,被派遣劳动者享有本法规定的从业人员的权利,并应当履行本法规定的从业人员的义务。

条文注释

2012 年在严格限制劳务派遣用工岗位范围、对设立劳务派遣单位进行行政许可、切实维护被派遣劳动者享有与用工单位的劳动者同工同酬的权利等方面对《劳动合同法》进行了修改,进一步规范了劳务派遣制度,强调维护被派遣劳动者享有与用工单位的劳动者同工同酬的权利。本条规定的主要目的是配合《劳动合同法》的贯彻落实,在安全生产领域进一步保护生产经营单位被派遣劳动者的合法权益。

法律对用工单位使用被派遣劳动者作出特殊规定。根据《劳动合同法》第 62 条的规定,被派遣劳动者用工单位应当履行下列义务:(1)执行国家劳动标准,提供相应的劳动条件和劳动保护;(2)告知被派遣劳动者的工作要求和劳动报酬;(3)支付加班费、绩效奖金,提供与工作岗位相关的福利待遇;(4)对在岗被派遣劳动者进行工作岗位所必需的培训;(5)连续用工的,实行正常的工资调整机制。用工单位不得将被派遣劳动者再派遣到其他用人单位。

有关行政法规、部门规章也对被派遣劳动者的使用作出明确规定。如《国务院办公厅关于进一步加强煤矿安全生产工作的意见》第 14 条规定,规范煤矿劳动用工管理。在一定区域内,加强煤矿企业招工信息服务,统一组织报名和资格审查、统一考核、统一签订劳动合同和办理用工备案、统一参加社会保险、统一依法使用劳务派遣用工,并加强监管。

“本法规定的从业人员的权利”与“义务”,主要是指本法第3章的有关内容。“被派遣劳动者享有本法规定的从业人员的权利”,具体是指:(1)从业人员与生产经营单位订立的劳动合同应当载明与保障从业人员劳动安全有关的事项,生产经营单位不得以协议免除或者减轻安全事故伤亡责任;(2)从业人员对危险因素、防范措施及事故应急措施的知情权和建议权;(3)对安全问题的批评、检举和控告权,并有权拒绝违章指挥和强令冒险作业;(4)有权在发现直接危及人身安全的紧急情况时停止作业或者在采取可能的应急措施后撤离作业场所;(5)享有因生产安全事故而遭受损坏的赔偿权利等。被派遣劳动者应履行的义务有:遵守安全生产法律法规以及规章制度,照章操作;接受安全生产培训;对事故隐患或者不安全因素进行报告等。

第四章　安全生产的监督管理

第六十二条　【政府职责】县级以上地方各级人民政府应当根据本行政区域内的安全生产状况,组织有关部门按照职责分工,对本行政区域内容易发生重大生产安全事故的生产经营单位进行严格检查。

应急管理部门应当按照分类分级监督管理的要求,制定安全生产年度监督检查计划,并按照年度监督检查计划进行监督检查,发现事故隐患,应当及时处理。

条文注释

县级以上地方各级人民政府在安全生产监督管理方面,应当按照下列要求组织有关部门开展安全生产监督检查:

1. 全面了解掌握本行政区域安全生产状况。这是组织好有关部门开展安全生产监督检查的前提,决定着组织检查的频次、规模、范围以及参加检查的部门和人员数量、专业等。县级以上地方各级人民政府应当根据本行政区域生产经营活动的特点、分布区域、人员结构等情况，分析可能发生生产安全事故的途径、危害程度以及影响范围。

2. 按照各有关部门的职责分工组织安全检查。职权法定是依法行政的基本要求。例如，《行政处罚法》第 17 条规定，行政处罚由具有行政处罚权的行政机关在法定职权范围内实施。《国务院关于印发全面推进依法行政实施纲要的通知》规定，行政机关实施行政管理，应当依照法律、法规、规章的规定进行；没有法律、法规、规章的规定，行政机关不得作出影响公民、法人和其他组织合法权益或者增加公民、法人和其他组织义务的决定。本法第 10 条对应急管理部门和其他有关部门的安全生产监督管理职责作出了明确规定。县级以上地方各级人民政府应当根据有关部门的职责分工，组织相应行业、领域的安全检查。有关部门应当根据政府的组织安排，依照法律、法规的规定进行安全检查。

3. 确定安全检查重点。县级以上地方各级人民政府应当在调查研究的基础上，确定本行政区域内容易发生重大生产安全事故的生产经营单位。一般来讲，这些生产经营单位既包括性质上比较危险的单位，如矿山、建筑施工单位和危险物品的生产、储存、经营单位等，也包括一旦发生事故将造成重大人身伤亡的其他生产经营单位，如客车客船运输企业、游乐场、歌舞厅、大型商场等公众聚集经营场所，还包括在保障安全生产上存在重大问题的生产经营单位。

关联规定

《国民经济行业分类与代码》(GB/T 4754－2017)

《安全生产非法违法行为查处办法》

《应急管理行政执法人员依法履职管理规定》

第六十三条　【安全生产事项的审批、验收】负有安全生产监督管理职责的部门依照有关法律、法规的规定，对涉及安全生产的事项需要审查批准（包括批准、核准、许可、注册、认证、颁发证照等，下同）或者验收的，必须严格依照有关法律、法规和国家标准或者行业标准规定的安全生产条件和程序进行审查；不符合有关法律、法规和国家标准或者行业标准规定的安全生产条件的，不得批准或者验收通过。对未依法取得批准或者验收合格的单位擅自从事有关活动的，负责行政审批的部门发现或者接到举报后应当立即予以取缔，并依法予以处理。对已经依法取得批准的单位，负责行政审批的部门发现其不再具备安全生产条件的，应当撤销原批准。

条文注释

2014年《安全生产法》将矿山等高危建设项目“安全条件论证”和“安全评价”两项审批合并为“安全评价”一项，取消矿山等高危企业主要负责人和安全管理人员考核合格方可任职的要求，取消高危行业建设项目安全设施竣工验收审批。同时，也必须认识到安全生产的特殊性，对于矿山、危险化学品等高危行业，单纯依靠市场调节，仅仅发挥企业安全生产的主体责任，对于遏制重特大事故的发生是远远不够的，必须发挥政府监管职能，对特殊行业加强事前、事中和事后审查。

关联规定

《安全生产许可证条例》第6、7、9、22条

第六十四条　【审批、验收的禁止性规定】负有安全生产监督管理职责的部门对涉及安全生产的事项进行审查、验收，不得收取费用；不得要求接受审查、验收的单位购买其指定品牌或者指定生产、销售单位的安全设备、器材或者其他产品。

关联规定

《安全生产法》第 91 条

第六十五条　【监督检查的职权范围】应急管理部门和其他负有安全生产监督管理职责的部门依法开展安全生产行政执法工作，对生产经营单位执行有关安全生产的法律、法规和国家标准或者行业标准的情况进行监督检查，行使以下职权：

（一）进入生产经营单位进行检查，调阅有关资料，向有关单位和人员了解情况；

（二）对检查中发现的安全生产违法行为，当场予以纠正或者要求限期改正；对依法应当给予行政处罚的行为，依照本法和其他有关法律、行政法规的规定作出行政处罚决定；

（三）对检查中发现的事故隐患，应当责令立即排除；重大事故隐患排除前或者排除过程中无法保证安全的，应当责令从危险区域内撤出作业人员，责令暂时停产停业或者停止使用相关设施、设备；重大事故隐患排除后，经审查同意，方可恢复生产经营和使用；

（四）对有根据认为不符合保障安全生产的国家标准或者行业标准的设施、设备、器材以及违法生产、储存、使用、经营、运输的危险物品予以查封或者扣押，对违法生产、储存、使用、经营危险物品的作业场所予以查封，并依法作出处理决定。

监督检查不得影响被检查单位的正常生产经营活动。

条文注释

本条规定了应急管理部门和其他负有安全生产监督管理职责的部门履行监督检查职责时，所享有的检查权、处理权和采取行政强制措施的权力：

1. 现场检查权。具体包括：(1) 应急管理部门和其他负有安全生产监督管理职责的部门有权进入生产经营单位进行现场检查，被检查单位不得拒绝。(2)有权向被检查单位调阅与监督检查有关的资料,如涉及高危作业的有关生产工艺的资料,安全设施、设备的档案资料,从业人员安全生产教育、培训、考核的资料等。被检查单位应当如实提供。(3)向有关人员,包括被检查单位的负责人和有关的管理人员、技术人员、作业人员等了解相关的情况。有关人员应当予以配合,如实提供有关情况。《劳动法》也有相应的规定,如县级以上各级人民政府劳动行政部门监督检查人员执行公务,有权进入用人单位了解执行劳动法律、法规的情况,查阅必要的资料,并对劳动场所进行检查。

2. 现场处理权。具体包括:(1)应急管理部门和其他负有安全生产监督管理职责的部门,对监督检查中发现的安全生产违法行为,有权当场予以纠正或者要求限期改正。(2)责令排除事故隐患。对现场监督检查中发现的事故隐患,应急管理部门和其他负有安全生产监督管理职责的部门有权责令被检查单位采取有效措施,立即予以排除。(3)责令采取紧急避险措施权。如果检查中发现的事故隐患属于重大隐患,在隐患排除前或者排除过程中不能保证人员安全的,应急管理部门和其他负有安全生产监督管理职责的部门有权要求从危险区域撤出作业人员,同时要求暂时停止存在重大事故隐患的作业,或者暂停存在重大事故隐患的相关设施、设备的使用。只有在重大事故隐患被排除后,经过应急管理部门和其他负有安全生产监督管理职责的部门审查同意,生产经营单位才能恢复有关的生产经营活动或者恢复有关设施、设备的使用。(4)对检查中发现的违法行为,依照有关法律、法规的规定应当由应急管理部门和其他负有安全生产监督管理职责的部门予以处罚的,依法作出行政处罚的决定。

3. 采取查封或扣押行政强制措施权。负有安全生产监督管理职责的部门对有根据认为不符合保障安全生产的国家标准或者行业标准的设施、设备、器材以及违法生产、储存、使用、经营、运输的危险物品,有予以查封或者扣押的权力,对违法生产、储存、使用、经营危险物品的作业场所,有权予以查封。这里所规定的"查封",是指负有安全生产监督管理职责的部门对于不符合保障安全生产的国家标准或者行业标准的设施、设备、器材以张贴封条或者其他必要措施封存起来,未经查封部门许可,任何单位或者个人不得启封、动用。这里所规定的"扣押",是指负有安全生产监督管理职责的部门将不符合保障安全生产的国家标准或者行业标准的设施、设备、器材运到另外的场所予以扣留。

关联规定

《行政强制法》

第六十六条　【生产经营单位的配合义务】生产经营单位对负有安全生产监督管理职责的部门的监督检查人员(以下统称安全生产监督检查人员)依法履行监督检查职责,应当予以配合,不得拒绝、阻挠。

关联规定

《安全生产法》第108条

第六十七条　【监督检查人员的要求】安全生产监督检查人员应当忠于职守,坚持原则,秉公执法。

安全生产监督检查人员执行监督检查任务时,必须出示有效的行政执法证件;对涉及被检查单位的技术秘密和业务秘密,应当为其保密。

第六十八条　【监督检查的记录】安全生产监督检查人员应当将检查的时间、地点、内容、发现的问题及其处理情况,作出书面记录,并由检查人员和被检查单位的负责人签字;被检查单位的负责人拒绝签字的,检查人员应当将情况记录在案,并向负有安全生产监督管理职责的部门报告。

条文注释

安全检查记录应当为书面形式，具体内容应当包括：(1)检查的时间。这一般是指检查时的年、月、日、时、分的具体时间。对容易发生事故的重点部门和重点区域的检查时间更需要特别记录。(2)检查的地点。这通常是指被检查的生产经营单位及其场所。地点的记录应当具体、明确，载明实施检查的具体场所。如果是对生产经营单位的某个矿井、某个车间、某些设备设施等进行检查，这时还应当对具体的作业场所和设备设施的名称、地址予以记录。(3)检查的内容。即指检查的具体事项，比如本次检查了哪些设施、设备等。(4)检查中发现的问题。对检查中发现的被检查单位存在的与有关安全生产的法律、法规、国家标准、行业标准等要求不符的情况，如安全生产的规章制度不健全，设施、设备存在的安全隐患问题，是一般的事故隐患问题还是重大事故隐患问题等，都应如实加以记录。(5)对检查中发现的问题的处理情况(特别是发现事故隐患的处理情况)。这通常是指是否按照法律、法规和规章的规定对发现的事故隐患和违法行为进行了处理。例如，对于事故隐患是否责令立即排除或者限期排除，对安全生产违法行为是否当场纠正或者要求限期改正，对应当给予行政处罚的行为是否依法进行了处罚，对重大安全生产问题是否向有关人民政府或其所属部门及时报告等，都应当记录在案。

第六十九条 【监督检查的配合】负有安全生产监督管理职责的部门在监督检查中，应当互相配合，实行联合检查；确需分别进行检查的，应当互通情况，发现存在的安全问题应当由其他有关部门进行处理的，应当及时移送其他有关部门并形成记录备查，接受移送的部门应当及时进行处理。

第七十条　【强制停止生产经营活动】负有安全生产监督管理职责的部门依法对存在重大事故隐患的生产经营单位作出停产停业、停止施工、停止使用相关设施或者设备的决定，生产经营单位应当依法执行，及时消除事故隐患。生产经营单位拒不执行，有发生生产安全事故的现实危险的，在保证安全的前提下，经本部门主要负责人批准，负有安全生产监督管理职责的部门可以采取通知有关单位停止供电、停止供应民用爆炸物品等措施，强制生产经营单位履行决定。通知应当采用书面形式，有关单位应当予以配合。

负有安全生产监督管理职责的部门依照前款规定采取停止供电措施，除有危及生产安全的紧急情形外，应当提前二十四小时通知生产经营单位。生产经营单位依法履行行政决定、采取相应措施消除事故隐患的，负有安全生产监督管理职责的部门应当及时解除前款规定的措施。

条文注释

根据本条规定，负有安全生产监督管理职责的部门在具体实施中应当把握以下要求：

1. 严格实施条件。

(1)保证安全。从根本上说，安全生产停产停业强制措施的最终目的之一就是避免生产经营单位发生重大安全事故，从而保证其生产经营活动的正常进行。因此，负有安全生产监督管理职责的部门在实施行政强制措施的过程中更要以保证安全，特别是从业人员的生命安全为前提。要充分考虑生产经营单位的生产特点和特殊要求，不能因突然采取停电等措施发生其他事故。在实施停止供应民用爆炸物品，特别是停止供电的强制措施的情况下，要严格遵守安全断电程序，以保障实现行政强制目的。

(2)负有安全生产监督管理职责的部门依法对存在重大事故隐患的生产经营单位作出停产停业、停止施工、停止使用相关设施或者设备的决定。这里所称的“决定”,既包括依照本法第65条或者其他法律法规规定作出的责令暂时停产停业、停止使用相关设施设备的现场处理决定,也包括依照本法“法律责任”一章作出的责令停产停业整顿的行政决定。

(3)生产经营单位拒不执行上述决定。安全生产监督检查人员履行监督检查职责,依法作出行政决定,是代表国家执行公务的行为,具有强制性。本法明确规定,生产经营单位应当配合安全生产监督检查人员依法履行监督检查职责,不得拒绝、阻挠。

(4)存在重大事故隐患,有发生生产安全事故的现实危险。“重大事故隐患”,通常是指危害和整改难度较大,应当全部或者局部停产停业,并经过一定时间整改治理方能排除的隐患,或者因外部因素影响致使生产经营单位自身难以排除的隐患。这里所称的“有发生生产安全事故的现实危险”,是指现实存在的、紧迫的危险,如果这种危险持续存在,生产经营单位就可能随时发生事故。

2. 严格按照程序。

(1)经本部门主要负责人批准。这是内部程序的限定,实施前必须经过本部门主要负责人批准。行政强制措施直接关系到公民的人身权、财产权等基本权利,不能任由行政执法人员随意作出,实施前需向本部门主要负责人批准,同时可实现行政机关的内部监督,更严谨地判断停止供电、停止供应民用爆炸物等行为实施的必要性。这里所称的“本部门主要负责人”,一般是指负有安全生产监督管理职责的部门的正职负责人,也可以是主持工作的其他负责人。

(2)通知要采用书面形式,这是本条款实施的形式要件。书面形式具有意思表示准确、有据可查、便于预防纠纷的优点。为保证实施过程的公开、公正、可追溯,书面形式应为相应的行政执法文书。

(3)采取停止供电的强制措施,应当提前24小时书面通知生产经营单位。这是对本条第1款的补充规定,要求除有危及生产安全的紧急情形外,负有安全生产监督管理职责的部门应当提前24小时通知生产经营单位,以便被强制执行单位做好停电准备,避免不必要的危险和损失发生。但是,如果遇有紧急情形,负有安全生产监督管理职责的部门可以不提前24小时，甚至在不通知生产经营单位的情况下，直接依照本条第1款的规定要求供电企业停止供电。

第七十一条 【安全生产行政监察】监察机关依照监察法的规定，对负有安全生产监督管理职责的部门及其工作人员履行安全生产监督管理职责实施监察。

关联规定

《监察法》

《国家安全监管总局办公厅关于加强安全监管监察档案工作的意见》

第七十二条 【中介机构的条件和责任】承担安全评价、认证、检测、检验职责的机构应当具备国家规定的资质条件，并对其作出的安全评价、认证、检测、检验结果的合法性、真实性负责。资质条件由国务院应急管理部门会同国务院有关部门制定。

承担安全评价、认证、检测、检验职责的机构应当建立并实施服务公开和报告公开制度，不得租借资质、挂靠、出具虚假报告。

条文注释

理解本条应注意的是，安全评价、认证、检测、检验的机构应对其作出的安全评价、认证、检测、检验的结果负责，包括两方面的含义：一是安全评价、认证、检测、检验的机构接受委托进行有关的安全评价、认证、检测、检验，必须做到客观、公正，执行规定的程序和操作规则，保证结果的准确性；二是安全评价、认证、检测、检验机构要对自己作出的安全评价报告和检测、检验结果的真实性、准确性负责，所出具的安全评价报告或者检测、检验结论不实的，要承担相应的法律责任。

第七十三条　【安全生产举报制度】负有安全生产监督管理职责的部门应当建立举报制度，公开举报电话、信箱或者电子邮件地址等网络举报平台，受理有关安全生产的举报；受理的举报事项经调查核实后，应当形成书面材料；需要落实整改措施的，报经有关负责人签字并督促落实。对不属于本部门职责，需要由其他有关部门进行调查处理的，转交其他有关部门处理。

涉及人员死亡的举报事项，应当由县级以上人民政府组织核查处理。

第七十四条　【举报权及公益诉讼】任何单位或者个人对事故隐患或者安全生产违法行为，均有权向负有安全生产监督管理职责的部门报告或者举报。

因安全生产违法行为造成重大事故隐患或者导致重大事故，致使国家利益或者社会公共利益受到侵害的，人民检察院可以根据民事诉讼法、行政诉讼法的相关规定提起公益诉讼。

条文注释

1. 本条应特别注意受理举报的部门，主要有以下三种：

(1)应急管理部门。应急管理部门是安全生产工作的综合监督管理部门，根据本法第10条第1款的规定，国务院应急管理部门依照本法，对全国安全生产工作实施综合监督管理；县级以上地方各级人民政府应急管理部门依照本法，对本行政区域内安全生产工作实施综合监督管理。任何单位和个人都可以向应急管理部门举报事故隐患或者安全生产违法行为，由应急管理部门依法实施综合监督管理。

(2)应急管理部门以外的其他负有安全生产监督管理职责的部门。根据本法第10条第2款的规定，国务院交通运输、住房和城乡建设、水利、民航等有关部门依照本法和其他有关法律、行政法规的规定,在各自的职责范围内对有关行业、领域的安全生产工作实施监督管理;县级以上地方各级人民政府有关部门依照本法和其他有关法律、法规的规定,在各自的职责范围内对有关行业、领域的安全生产工作实施监督管理。主要有:公安机关,煤矿安全监察机构,建筑行政部门,铁路、民航、交通部门,特种设备安全监察部门,电力监管部门等。依据上述规定,任何单位和个人在发现生产经营单位的事故隐患或者安全生产违法行为时,都可以向相关行业主管部门举报。

(3)监察机关。根据《监察法》第3条的规定,各级监察委员会是行使国家监察职能的专责机关,依照本法对所有行使公权力的公职人员进行监察。因此,各级地方人民政府、应急管理部门和其他负有安全生产监督管理职责的部门及其工作人员在安全生产监督管理过程中或者在事故报告和调查处理中有违法行为的,任何单位和个人都可以向有关监察机关举报。

2.本条第2款是2021年《安全生产法》新增加的内容,规定了安全生产公益诉讼制度。

公益诉讼是以个人、组织或者机关为原告,以损害国家、社会或不特定多数人利益(公益)的行为为对象,以制止损害公益行为并追究公益加害人相应法律责任为目的,向法院提出的特别诉讼活动。

关于安全生产公益诉讼需要注意以下几点:(1)安全生产公益诉讼的起诉主体是人民检察院。(2)人民检察院提起安全生产公益诉讼的条件有两个:一是因安全生产违法行为造成重大事故隐患或者导致重大事故。重大事故隐患或者重大事故须由安全生产违法行为引起,非安全生产违法行为引起的重大事故隐患或者导致重大事故的不适用。二是只有“公益”受到侵害,即重大事故隐患或者重大事故造成了国家利益或者社会公共利益受到侵害。(3)人民检察院既可以提起安全生产民事公益诉讼,也可以提起安全生产行政公益诉讼。民事公益诉讼的被告是重大事故隐患或者重大事故致使国家利益或者社会公共利益受到侵害的生产经营单位及其有关人员。行政公益诉讼的被告是因未依法履行监督管理职责而致使国家利益或者社会公共利益受到侵害的负有安全生产监督管理职责的部门及其工作人员。

第七十五条 【居委会、村委会的监督】居民委员会、村民委员会发现其所在区域内的生产经营单位存在事故隐患或者安全生产违法行为时，应当向当地人民政府或者有关部门报告。

条文注释

按照本法第9条的规定，乡镇人民政府和街道办事处以及开发区、工业园区、港区、风景区应当按照职责，加强对本行政区域内生产经营单位安全生产的状况监督检查，协助人民政府有关部门或者按照授权依法履行安全生产监督管理职责。本条中的"当地人民政府"可以是当地的县级人民政府，也可以是当地的乡镇人民政府以及街道办事处、开发区等。

关联规定

《城市居民委员会组织法》

《村民委员会组织法》

第七十六条 【举报奖励】县级以上各级人民政府及其有关部门对报告重大事故隐患或者举报安全生产违法行为的有功人员，给予奖励。具体奖励办法由国务院应急管理部门会同国务院财政部门制定。

条文注释

根据《安全生产领域举报奖励办法》的规定，任何单位、组织和个人均有权向县级以上人民政府负责安全生产监督管理的部门和其他负有安全生产监督管理职责的部门、各级煤矿安全监察机构举报重大事故隐患和安全生产违法行为。给予举报人的奖金纳入同级财政预算。《安全生产领域举报奖励办法》还对本条规定的重大事故隐患和安全生产违法行为进行了明确的界定。

关联规定

《安全生产领域举报奖励办法》

第七十七条 【舆论监督】新闻、出版、广播、电影、电视等单位有进行安全生产公益宣传教育的义务,有对违反安全生产法律、法规的行为进行舆论监督的权利。

第七十八条 【安全生产违法行为信息库、公示及联合惩戒】负有安全生产监督管理职责的部门应当建立安全生产违法行为信息库,如实记录生产经营单位及其有关从业人员的安全生产违法行为信息;对违法行为情节严重的生产经营单位及其有关从业人员,应当及时向社会公告,并通报行业主管部门、投资主管部门、自然资源主管部门、生态环境主管部门、证券监督管理机构以及有关金融机构。有关部门和机构应当对存在失信行为的生产经营单位及其有关从业人员采取加大执法检查频次、暂停项目审批、上调有关保险费率、行业或者职业禁入等联合惩戒措施,并向社会公示。

负有安全生产监督管理职责的部门应当加强对生产经营单位行政处罚信息的及时归集、共享、应用和公开,对生产经营单位作出处罚决定后七个工作日内在监督管理部门公示系统予以公开曝光,强化对违法失信生产经营单位及其有关从业人员的社会监督,提高全社会安全生产诚信水平。

条文注释

本条规定的核心内容是:

1. 建立安全生产违法行为信息库。负有安全生产监督管理职责的部门应当建立安全生产违法行为信息库,如实记录生产经营单位及其有关从业人员的安全生产违法行为信息。

2. 违法行为信息共享。对违法行为情节严重的生产经营单位及其有关从业人员，负有安全生产监督管理职责的部门应当及时向社会公告，并通报行业主管部门、投资主管部门、自然资源主管部门、生态环境主管部门、证券监督管理机构以及有关金融机构。这里的“及时”并非“立即”，应根据实际情况确定向社会公告的时间。

3. 对失信行为的联合惩戒。“失信行为”主要包括：(1)发生较大及以上生产安全责任事故，或1年内累计发生3起及以上造成人员死亡的一般生产安全责任事故的；(2)未按规定取得安全生产许可证，擅自开展生产经营建设活动的；(3)发现重大生产安全事故隐患，或职业病危害严重超标，不及时整改，仍组织从业人员冒险作业的；(4)采取隐蔽、欺骗或阻碍等方式逃避、对抗安全监管监察的；(5)被责令停产停业整顿，仍然从事生产经营建设活动的；(6)瞒报、谎报、迟报生产安全事故的；(7)矿山、危险化学品、金属冶炼等高危行业建设项目安全设施未经验收合格即投入生产和使用的；(8)矿山生产经营单位存在超层越界开采、以探代采行为的；(9)发生事故后，故意破坏事故现场，伪造有关证据资料，妨碍、对抗事故调查，或主要负责人逃逸的；(10)安全生产和职业健康技术服务机构出具虚假报告或证明，违规转让或出借资质的。

联合惩戒措施包括加大执法检查频次、暂停项目审批、上调有关保险费率、行业或者职业禁入等。生产经营单位及其有关人员的失信行为、惩戒措施等应向社会公示。

4. 行政处罚信息的归集、共享、应用和公开。《行政处罚法》第48条第1款规定，具有一定社会影响的行政处罚决定应当依法公开。本条第2款规定，“负有安全生产监督管理职责的部门应当加强对生产经营单位行政处罚信息的及时归集、共享、应用和公开”。所以，安全生产违法行为行政处罚信息应公开，不限于“具有一定社会影响的行政处罚决定”。公开的方式是“在监督管理部门公示系统予以公开曝光”；公开的时间要求是“对生产经营单位作出处罚决定后七个工作日内”要公开；公开的目的是强化对违法失信生产经营单位及其有关从业人员的社会监督，提高全社会安全生产诚信水平。

关联规定

《企业信息公示暂行条例》

第五章　生产安全事故的应急救援与调查处理

第七十九条　【事故应急救援信息系统】国家加强生产安全事故应急能力建设，在重点行业、领域建立应急救援基地和应急救援队伍，并由国家安全生产应急救援机构统一协调指挥；鼓励生产经营单位和其他社会力量建立应急救援队伍，配备相应的应急救援装备和物资，提高应急救援的专业化水平。

国务院应急管理部门牵头建立全国统一的生产安全事故应急救援信息系统，国务院交通运输、住房和城乡建设、水利、民航等有关部门和县级以上地方人民政府建立健全相关行业、领域、地区的生产安全事故应急救援信息系统，实现互联互通、信息共享，通过推行网上安全信息采集、安全监管和监测预警，提升监管的精准化、智能化水平。

关联规定

《突发事件应对法》

《国家安全生产事故灾难应急预案》

《安全生产网络舆情应对预案》

《国务院安委会关于进一步加强生产安全事故应急处置工作的通知》

第八十条　【事故应急救援预案与体系】县级以上地方各级人民政府应当组织有关部门制定本行政区域内生产安全事故应急救援预案，建立应急救援体系。

乡镇人民政府和街道办事处，以及开发区、工业园区、港区、风景区等应当制定相应的生产安全事故应急救援预案，协助人民政府有关部门或者按照授权依法履行生产安全事故应急救援工作职责。

关联规定

《特种设备安全法》第69条

《危险化学品安全管理条例》第69条

《城市轨道交通建设工程质量安全事故应急预案管理办法》

第八十一条　【事故应急救援预案的制定与演练】生产经营单位应当制定本单位生产安全事故应急救援预案，与所在地县级以上地方人民政府组织制定的生产安全事故应急救援预案相衔接，并定期组织演练。

条文注释

生产经营单位应当根据有关法律、法规和国家其他有关规定，结合本单位的危险源状况、危险性分析情况和可能发生的事故特点，制定相应的应急预案。生产经营单位制定生产安全事故应急预案应当符合下列基本要求：(1)符合有关法律、法规、规章、标准的规定；(2)结合本地区、本部门、本单位的安全生产实际情况；(3)结合本地区、本部门、本单位的危险性分析情况；(4)应急组织和人员的职责分工明确，并有具体的落实措施；(5)有明确、具体的处置措施和应急程序，并与其应急能力相适应；(6)有明确的应急保障措施，满足本地区、本部门、本单位的应急工作需要；(7)应急预案基本要素齐全、完整，应急预案附件提供的信息准确；(8)应急预案内容与相关应急预案相互衔接。

按照应急管理部2019年修正的《生产安全事故应急预案管理办法》的要求，易燃易爆物品、危险化学品等危险物品的生产、经营、储存、运输单位，矿山、金属冶炼、城市轨道交通运营、建筑施工单位，以及宾馆、商场、娱乐场所、旅游景区等人员密集场所经营单位，应当在应急预案公布之日起20个工作日内，按照分级属地原则，向县级以上人民政府应急管理部门和其他负有安全生产监督管理职责的部门进行备案，并依法向社会公布。上述所列单位属于中央企业的，其总部（上市公司）的应急预案，报国务院主管的负有安全生产监督管理职责的部门备案，并抄送应急管理部；其所属单位的应急预案报所在地的省、自治区、直辖市或者设区的市级人民政府主管的负有安全生产监督管理职责的部门备案，并抄送同级人民政府应急管理部门。上述所列单位不属于中央企业的，其中非煤矿山、金属冶炼和危险化学品生产、经营、储存、运输企业，以及使用危险化学品达到国家规定数量的化工企业、烟花爆竹生产和批发经营企业的应急预案，按照隶属关系报所在地县级以上地方人民政府应急管理部门备案；前述单位以外的其他生产经营单位应急预案的备案，由省、自治区、直辖市人民政府负有安全生产监督管理职责的部门确定。油气输送管道运营单位的应急预案，除按照上述规定备案外，还应当抄送所经行政区域的县级人民政府应急管理部门。海洋石油开采企业的应急预案，除按照上述规定备案外，还应当抄送所经行政区域的县级人民政府应急管理部门和海洋石油安全监管机构。煤矿企业的应急预案除按照上述规定备案外，还应当抄送所在地的煤矿安全监察机构。

关联规定

《生产安全事故应急预案管理办法》

《国务院关于进一步加强企业安全生产工作的通知》

《国务院关于坚持科学发展安全发展促进安全生产形势持续稳定好转的意见》

第八十二条 【高危行业的应急救援要求】危险物品的生产、经营、储存单位以及矿山、金属冶炼、城市轨道交通运营、建筑施工单位应当建立应急救援组织；生产经营规模较小的，可以不建立应急救援组织，但应当指定兼职的应急救援人员。

危险物品的生产、经营、储存、运输单位以及矿山、金属冶炼、城市轨道交通运营、建筑施工单位应当配备必要的应急救援器材、设备和物资，并进行经常性维护、保养，保证正常运转。

第八十三条 【单位报告和组织抢救义务】生产经营单位发生生产安全事故后，事故现场有关人员应当立即报告本单位负责人。

单位负责人接到事故报告后，应当迅速采取有效措施，组织抢救，防止事故扩大，减少人员伤亡和财产损失，并按照国家有关规定立即如实报告当地负有安全生产监督管理职责的部门，不得隐瞒不报、谎报或者迟报，不得故意破坏事故现场、毁灭有关证据。

条文注释

2007年，国务院出台《生产安全事故报告和调查处理条例》。依照该规定，发生生产安全事故的生产经营单位应当按照下列程序作出报告：(1)事故发生后，事故现场有关人员应当立即向本单位负责人报告。(2)单位负责人接到报告后，应当于1小时内向事故发生地县级以上人民政府应急管理部门和负有安全生产监督管理职责的有关部门报告。(3)情况紧急时，事故现场有关人员可以直接向事故发生地县级以上人民政府应急管理部门和负有安全生产监督管理职责的有关部门报告，以利于积极组织事故救援力量调度。至于“情况紧急”应该作较为灵活的理解，如事故单位负责人联系不上、事故重大需要政府部门迅速调集救援力量等情形。对于负有安全生产监督管理职责的部门和具体工作人员来说，只要接到事故现场有关人员的报告,不论是否属于“情况紧急”,都应当立即赶赴现场,并积极组织事故救援。(4)报告事故应当包括下列内容:①事故发生单位概况;②事故发生的时间、地点以及事故现场情况;③事故的简要经过;④事故已经造成或者可能造成的伤亡人数(包括下落不明的人数)和初步估计的直接经济损失;⑤已经采取的措施;⑥其他应当报告的情况。(5)事故报告后出现新情况的,应当及时补报。自事故发生之日起30日内,事故造成的伤亡人数发生变化的,应当及时补报。道路交通事故、火灾事故自发生之日起7日内,事故造成的伤亡人数发生变化的,应当及时补报。

关联规定

《生产安全事故报告和调查处理条例》第9－18条

第八十四条　【安全监管部门的事故报告】负有安全生产监督管理职责的部门接到事故报告后,应当立即按照国家有关规定上报事故情况。负有安全生产监督管理职责的部门和有关地方人民政府对事故情况不得隐瞒不报、谎报或者迟报。

条文注释

生产安全事故报告实行两条线报告制度,主要考虑是:第一,这是由安全生产分级管理的体制决定的。一般来说,各级应急管理部门和负有安全生产监督管理职责的有关部门负责本行政区域内的安全生产工作,同时,指导、协调、监督下级应急管理部门和其他负有安全生产监督管理职责的有关部门的工作。第二,这是由不同等级事故调查处理职责分工决定的。事故报告和调查处理是紧密相连的两个环节,在职权的划分上需要密切衔接。第三,这是上级应急管理部门和其他负有安全生产监督管理职责的有关部门及时掌握事故信息,快速开展应急救援工作的需要。尽管事故发生后,有关部门接到报告都应当迅速赶赴事故现场,组织应急救援工作,但是,实际工作中往往存在事故是否会进一步扩大、伤亡人数无法确定等情况,这就需要向上级应急管理部门和其他负有安全生产监督管理职责的有关部门报告，以便集中力量开展应急救援和相应等级的事故调查工作。

根据《生产安全事故报告和调查处理条例》的规定，应急管理部门和负有安全生产监督管理职责的有关部门接到事故报告后，应当依照下列规定上报事故情况，并通知公安机关、劳动保障行政部门、工会和人民检察院：(1)特别重大事故、重大事故逐级上报至国务院应急管理部门和负有安全生产监督管理职责的有关部门。(2)较大事故逐级上报至省、自治区、直辖市人民政府应急管理部门和负有安全生产监督管理职责的有关部门。(3)一般事故上报至设区的市级人民政府应急管理部门和负有安全生产监督管理职责的有关部门。(4)应急管理部门和负有安全生产监督管理职责的有关部门依照上述规定上报事故情况，应当同时报告本级人民政府。国务院应急管理部门和负有安全生产监督管理职责的有关部门以及省级人民政府接到发生特别重大事故、重大事故的报告后，应当立即报告国务院。(5) 必要时，应急管理部门和负有安全生产监督管理职责的有关部门可以越级上报事故情况。(6)应急管理部门和负有安全生产监督管理职责的有关部门逐级上报事故情况，每级上报的时间不得超过2小时。(7)事故报告后出现新情况的，应当及时补报。自事故发生之日起30日内，事故造成的伤亡人数发生变化的，应当及时补报。道路交通事故、火灾事故自发生之日起7日内，事故造成的伤亡人数发生变化的，应当及时补报。

关联规定

《安全生产法》第111条

《生产安全事故报告和调查处理条例》第10、11、13条

《生产安全事故信息报告和处置办法》

《国家安全监管总局关于进一步加强和改进生产安全事故信息报告和处置工作的通知》

第八十五条　【事故抢救】有关地方人民政府和负有安全生产监督管理职责的部门的负责人接到生产安全事故报告后，应当按照生产安全事故应急救援预案的要求立即赶到事故现场，组织事故抢救。

参与事故抢救的部门和单位应当服从统一指挥，加强协同联动，采取有效的应急救援措施，并根据事故救援的需要采取警戒、疏散等措施，防止事故扩大和次生灾害的发生，减少人员伤亡和财产损失。

事故抢救过程中应当采取必要措施，避免或者减少对环境造成的危害。

任何单位和个人都应当支持、配合事故抢救，并提供一切便利条件。

条文注释

2014年《安全生产法》删去了原法条“重大生产安全事故”中的“重大”二字。自《生产安全事故报告和调查处理条例》颁布后，一般事故、较大事故、重大事故、特别重大事故有了明确的等级划分标准。例如，依据新的事故等级划分标准，一般事故是指造成3人以下死亡，或者10人以下重伤，或者1000万元以下直接经济损失的事故。由此可以看出，即便是一般事故，也属于对人民群众生命和财产造成较大危害的事故，要求地方政府和负有安全生产监管职责的部门的负责人立即赶到现场组织抢救，很有必要。因此，2014年《安全生产法》取消了接到“重大”生产安全事故报告才要求立即赶到事故现场、组织事故抢救的限制，可以说是强化了地方政府和监管部门负责人在事故救援方面的责任。

实践中还需注意的是，本条要求赶到事故现场、组织事故救援的地方政府和负有安全生产监督管理职责的部门的负责人，并不限于政府和部门的主要负责人，也就是通常所说的“一把手”，也可以是主要负责人以外的其他负责人。一般而言，事故发生具有突然性和紧迫性,要求地方政府和监管部门的负责人到场,主要是考虑到作为负责人,他们能够代表其任职的政府和负有安全生产监督管理职责的部门,能够运用法律赋予的职权,在短时间内调动各种资源,并协调好各方面的关系,在事故救援过程中发挥指挥、协调的作用,保证救援工作的顺利开展,其他部门、单位和个人能够在其统一组织下参与事故抢救。

关联规定

《生产安全事故报告和调查处理条例》第3、15条

第八十六条 【事故调查、处理、落实】事故调查处理应当按照科学严谨、依法依规、实事求是、注重实效的原则,及时、准确地查清事故原因,查明事故性质和责任,评估应急处置工作,总结事故教训,提出整改措施,并对事故责任单位和人员提出处理建议。事故调查报告应当依法及时向社会公布。事故调查和处理的具体办法由国务院制定。

事故发生单位应当及时全面落实整改措施,负有安全生产监督管理职责的部门应当加强监督检查。

负责事故调查处理的国务院有关部门和地方人民政府应当在批复事故调查报告后一年内,组织有关部门对事故整改和防范措施落实情况进行评估,并及时向社会公开评估结果;对不履行职责导致事故整改和防范措施没有落实的有关单位和人员,应当按照有关规定追究责任。

条文注释

2011年11月26日颁布的《国务院关于坚持科学发展安全发展促进安全生产形势持续稳定好转的意见》提出,要严格按照“科学严谨、依法依规、实事求是、注重实效”的原则,认真调查处理每一起事故。这一原则是多年事故救援、调查工作实践中总结出来的,符合事故调查的基本规律,且多次被写入国务院安全生产委员会、原国家安监总局、纪委监委和原国家煤矿安监局的部门规章或规范性文

件中，对事故调查工作起到了重要的指导作用。

事故调查应重点注意以下两个方面：

1. 及时、准确地查清事故原因。事故原因一般包括直接原因和间接原因，直接原因是指直接导致事故发生的原因，包括物的不安全状态和人的不安全行为：(1)物的不安全状态是指造成事故的物质条件，即机械、设施、作业场所的潜在危险，如矿山作业场所采场支护不当、瓦斯超限等。(2)人的不安全行为是指造成矿山事故的人为错误，如违章作业、违章指挥等。间接原因是指直接原因得以产生和存在的原因，主要包括：①设计上的缺欠；②对职工的安全教育培训不够，或者未经培训就上岗作业；③劳动组织不合理；④没有操作规程或者操作规程不健全；⑤未对事故隐患采取措施等。

2. 查明事故性质和责任。如果事故纯属自然事故或者意外事故，则不需要认定事故责任。如果是人为事故和责任事故，就应当查明哪些人员对事故负有责任，并确定其责任。事故责任有直接责任，也有间接责任；有主要责任，也有次要责任。事故责任分析，就要根据事故调查所确认的事实，通过对直接原因和间接原因的分析，确定事故中的直接责任者、主要责任者和领导责任者。一般而言，直接责任者是指其行为与事故发生有直接因果关系的人员，如违章作业人员等；主要责任者是指对事故发生负有主要责任的人员，如违章指挥者；领导责任者是指对事故发生负有领导责任的人员，主要是政府及其有关部门的人员。

关联规定

《生产安全事故报告和调查处理条例》第19－31条

第八十七条　【责任追究】生产经营单位发生生产安全事故，经调查确定为责任事故的，除了应当查明事故单位的责任并依法予以追究外，还应当查明对安全生产的有关事项负有审查批准和监督职责的行政部门的责任，对有失职、渎职行为的，依照本法第九十条的规定追究法律责任。

条文注释

需要注意的是,本条规定了对安全生产的有关事项负有审查批准和监督职责的行政部门的责任,认定这些部门的责任,需要结合生产安全事故调查报告予以认定。按照《生产安全事故报告和调查处理条例》的规定,在事故调查过程中,根据事故的具体情况,事故调查组由有关人民政府、应急管理部门、其他负有安全生产监督管理职责的有关部门、监察机关、公安机关以及工会派人组成,并应当邀请人民检察院派人参加。监察机关和人民检察院根据事故责任认定情况和在调查过程中发现的线索,也会及时发现有关的失职、渎职行为,予以立案查处。

关联规定

《安全生产法》第 90 条

《生产安全事故报告和调查处理条例》第 22 条

第八十八条 【不得干涉事故调查处理】任何单位和个人不得阻挠和干涉对事故的依法调查处理。

关联规定

《生产安全事故应急处置评估暂行办法》

第八十九条 【事故定期统计分析和定期公布制度】县级以上地方各级人民政府应急管理部门应当定期统计分析本行政区域内发生生产安全事故的情况,并定期向社会公布。

条文注释

目前,对于生产安全事故情况的统计分析和公布的具体分工是:省级人民政府应急管理部门负责本省、自治区、直辖市范围内发生生产安全事故的情况的统计分析和公布;市、县人民政府应急管理部门负责本市、县行政区域内这方面的工作。省级人民政府应急管理部门应当在全省性的媒体上公布,市、县级人民政府应急管理部门应当分别在全市性和县级媒体上公布。

还需注意的是，本法第86条规定的事故调查报告向社会公布的制度，与本条规定的生产安全事故情况向社会公布的制度是有区别的。前者是针对具体的事故调查报告，涉及某一个事故的起因、后果、事故责任和调查处理情况等内容；本条的公布主要是从统计分析的角度，对某一地区一段时间内生产安全事故的数量、类别、死伤人数、财产损失等综合情况的公布。两者不宜混淆，不能以公布生产安全事故的总体情况替代对于具体事故调查报告的公布。

第六章 法律责任

第九十条 【监管部门工作人员违法责任】负有安全生产监督管理职责的部门的工作人员，有下列行为之一的，给予降级或者撤职的处分；构成犯罪的，依照刑法有关规定追究刑事责任：

（一）对不符合法定安全生产条件的涉及安全生产的事项予以批准或者验收通过的；

（二）发现未依法取得批准、验收的单位擅自从事有关活动或者接到举报后不予取缔或者不依法予以处理的；

（三）对已经依法取得批准的单位不履行监督管理职责，发现其不再具备安全生产条件而不撤销原批准或者发现安全生产违法行为不予查处的；

（四）在监督检查中发现重大事故隐患，不依法及时处理的。

负有安全生产监督管理职责的部门的工作人员有前款规定以外的滥用职权、玩忽职守、徇私舞弊行为的，依法给予处分；构成犯罪的，依照刑法有关规定追究刑事责任。

条文注释

本条第1款列举了有关人员违法行为的几种具体形式，但实践中违法行为的情况比较复杂，除了这几种形式外还可能有其他情形。例如，第1款第4项规定的是“在监督检查中发现重大事故隐患，不依法及时处理”，实践中也可能在检查过程中发现的是一般的事故隐患，也会造成比较严重的后果，这种情况下也要依法及时处理，否则也应承担相应的法律责任。本条第2款规定，有第1款以外的滥用职权、玩忽职守、徇私舞弊行为的，也要依法给予处分，可能是警告、记过、记大过，也可能是降级、撤职、开除等，需要根据具体情况确定。构成犯罪的，也要依法承担刑事责任。

第九十一条 【监管部门违法责任】负有安全生产监督管理职责的部门，要求被审查、验收的单位购买其指定的安全设备、器材或者其他产品的，在对安全生产事项的审查、验收中收取费用的，由其上级机关或者监察机关责令改正，责令退还收取的费用；情节严重的，对直接负责的主管人员和其他直接责任人员依法给予处分。

条文注释

有本条规定的违法行为，情节严重的，对直接负责的主管人员和其他直接责任人员依法给予处分。处分包括警告、记过、记大过、降级、撤职、开除，具体给予哪种处分，可根据具体情况作出。这里讲的“情节严重”，包括在审查、验收中多次要求接受审查、验收的单位购买其指定品牌或者指定的生产、销售单位的安全设备、器材或者其他产品；在审查、验收中多次收取费用，且数额较大，社会影响较恶劣等。这里所说的“直接负责的主管人员”是指在单位违法行为中负有直接领导责任的人员，包括违法行为的决策人，事后对单位违法行为予以认可和支持的领导人员，以及由于疏于管理或放任而对单位违法行为负有不可推卸的责任的领导人员。这里所说的“其他直接责任人员”是指直接实施违法行为的人员。

第九十二条 【中介机构违法责任】承担安全评价、认证、检测、检验职责的机构出具失实报告的，责令停业整顿，并处三万元以上十万元以下的罚款；给他人造成损害的，依法承担赔偿责任。

承担安全评价、认证、检测、检验职责的机构租借资质、挂靠、出具虚假报告的，没收违法所得；违法所得在十万元以上的，并处违法所得二倍以上五倍以下的罚款，没有违法所得或者违法所得不足十万元的，单处或者并处十万元以上二十万元以下的罚款；对其直接负责的主管人员和其他直接责任人员处五万元以上十万元以下的罚款；给他人造成损害的，与生产经营单位承担连带赔偿责任；构成犯罪的，依照刑法有关规定追究刑事责任。

对有前款违法行为的机构及其直接责任人员，吊销其相应资质和资格，五年内不得从事安全评价、认证、检测、检验等工作；情节严重的，实行终身行业和职业禁入。

条文注释

本条是对安全评价、认证、检测、检验职责的中介机构及责任人员的法律责任的规定。

1. 承担安全评价、认证、检测、检验职责的机构出具失实报告的法律责任。承担安全评价、认证、检测、检验职责的机构应当根据实际情况出具安全评价等报告并对其出具报告的真实性负责，如果出具失实报告，要受到责令停业整顿，并处 3 万元以上 10 万元以下的罚款的行政处罚。因出具失实报告给他人造成损害的，依法承担赔偿责任。失实报告并非虚假报告，虚假报告应依据本条第 2 款处理。实践中，失实报告应结合相关实际情况进行认定。

2. 承担安全评价、认证、检测、检验职责的机构租借资质、挂靠、出具虚假报告的法律责任。我国实行安全评价、认证、检测、检验机构的资质认可制度，严禁租借资质、挂靠；严禁承担安全评价、认证、检测、检验职责的机构出具虚假报告。承担安全评价、认证、检测、检验职责的机构租借资质、挂靠、出具虚假报告的,机构及其直接负责的主管人员和其他直接责任人员应承担法律责任,法律责任包括行政责任、民事责任甚至刑事责任。

承担安全评价、认证、检测、检验职责的机构承担的行政责任包括:(1)没收违法所得。(2)罚款。违法所得在10万元以上的,并处违法所得2倍以上5倍以下的罚款,没有违法所得或者违法所得不足10万元的,单处或者并处10万元以上20万元以下的罚款。(3)吊销机构的相应资质,例如安全评价资质等。承担安全评价、认证、检测、检验职责的机构承担的民事责任是:给他人造成损害的,与生产经营单位承担连带赔偿责任。

承担安全评价、认证、检测、检验职责的机构的直接负责的主管人员和其他直接责任人员的行政责任包括:(1)罚款。处5万元以上10万元以下的罚款。(2)对违法行为的直接责任人员,吊销其相应资格。(3)实施行业禁入。违法行为的直接责任人员5年内不得从事安全评价、认证、检测、检验等工作;情节严重的,实行终身行业和职业禁入。承担安全评价、认证、检测、检验职责的机构的直接负责的主管人员和其他直接责任人员构成犯罪的,依照《刑法》有关规定追究刑事责任。

第九十三条 【资金投入违法责任】生产经营单位的决策机构、主要负责人或者个人经营的投资人不依照本法规定保证安全生产所必需的资金投入,致使生产经营单位不具备安全生产条件的,责令限期改正,提供必需的资金;逾期未改正的,责令生产经营单位停产停业整顿。

有前款违法行为,导致发生生产安全事故的,对生产经营单位的主要负责人给予撤职处分,对个人经营的投资人处二万元以上二十万元以下的罚款;构成犯罪的,依照刑法有关规定追究刑事责任。

条文注释

导致发生生产安全事故，构成犯罪的，依照《刑法》有关规定追究刑事责任。这里主要是指构成《刑法》规定的重大劳动安全事故罪。

重大劳动安全事故罪，是指安全生产设施或者安全生产条件不符合国家规定，因而发生重大伤亡事故或者造成其他严重后果的行为。

该罪的行为主体是直接负责的主管人员和其他直接责任人员，即对安全生产设施或者安全生产条件不符合国家规定负有直接责任的生产经营单位负责人、管理人员、实际控制人、投资人以及其他对安全生产设施或者安全生产条件负有管理、维护职责的人员（如对安全生产设施或者安全生产条件负有管理、维护职责的电工、瓦斯检查工等人员）。

该罪的客观行为与结果应包括两种情形：一是负责安全生产设施或安全生产条件的人员，没有设置合格的安全生产设施与安全生产条件，因而发生重大伤亡事故或者造成其他严重后果。二是在安全生产设施或者安全生产条件不符合国家规定的情况下，直接负责的主管人员或者其他直接责任人员，不改善安全生产设施与安全生产条件，因而发生重大伤亡事故或者造成其他严重后果。安全生产设施或者安全生产条件的主管或管理人员不采取措施消除事故隐患，在生产作业中，直接从事领导、指挥的人员强令、组织他人违章冒险作业，因而发生重大伤亡事故或者造成其他严重后果的，对于前者应以重大劳动安全事故罪论处，对于后者应以强令、组织他人违章冒险作业罪论处。

第九十四条 【单位主要负责人违法责任】生产经营单位的主要负责人未履行本法规定的安全生产管理职责的，责令限期改正，处二万元以上五万元以下的罚款；逾期未改正的，处五万元以上十万元以下的罚款，责令生产经营单位停产停业整顿。

生产经营单位的主要负责人有前款违法行为，导致发生生产安全事故的，给予撤职处分；构成犯罪的，依照刑法有关规定追究刑事责任。

生产经营单位的主要负责人依照前款规定受刑事处罚或者撤职处分的，自刑罚执行完毕或者受处分之日起，五年内不得担任任何生产经营单位的主要负责人；对重大、特别重大生产安全事故负有责任的，终身不得担任本行业生产经营单位的主要负责人。

条文注释

根据本法规定，生产经营单位的主要负责人对本单位的安全生产工作负有以下职责：建立健全并落实本单位全员安全生产责任制，加强安全生产标准化建设；组织制定并实施本单位安全生产规章制度和操作规程；组织制定并实施本单位安全生产教育和培训计划；保证本单位安全生产投入的有效实施；组织建立并落实安全风险分级管控和隐患排查治理双重预防工作机制，督促、检查本单位的安全生产工作，及时消除生产安全事故隐患；组织制定并实施本单位的生产安全事故应急救援预案；及时、如实报告生产安全事故。这些都是生产经营单位的主要负责人必须履行的法定职责，生产经营单位的主要负责人不履行法律规定的职责的，依照本条规定追究其法律责任。

第九十五条　【对单位主要负责人罚款】生产经营单位的主要负责人未履行本法规定的安全生产管理职责，导致发生生产安全事故的，由应急管理部门依照下列规定处以罚款：

（一）发生一般事故的，处上一年年收入百分之四十的罚款；

（二）发生较大事故的，处上一年年收入百分之六十的罚款；

（三）发生重大事故的，处上一年年收入百分之八十的罚款；

（四）发生特别重大事故的，处上一年年收入百分之一百的罚款。

条文注释

本条是2014年《安全生产法》增加的内容，2021年《安全生产法》又加大了罚款力度，目的是加大对生产经营单位主要负责人个人的处罚力度，促使其积极履行安全生产管理职责。根据本条规定，对主要负责人进行罚款有两个条件：一是其未履行本法规定的安全生产管理职责，二是发生了生产安全事故。

第九十六条　【单位其他负责人和安全生产管理人员违法责任】生产经营单位的其他负责人和安全生产管理人员未履行本法规定的安全生产管理职责的，责令限期改正，处一万元以上三万元以下的罚款；导致发生生产安全事故的，暂停或者吊销其与安全生产有关的资格，并处上一年年收入百分之二十以上百分之五十以下的罚款；构成犯罪的，依照刑法有关规定追究刑事责任。

条文注释

其他负责人对职责范围内的安全生产工作负责，未履行本法规定的职责的，适用本条规定。

本法明确规定，矿山、金属冶炼、建筑施工、运输单位和危险物品的生产、经营、储存、装卸单位，应当设置安全生产管理机构或者配备专职安全生产管理人员。其他生产经营单位，从业人员超过100人的，应当设置安全生产管理机构或者配备专职安全生产管理人员；从业人员在100人以下的，应当配备专职或者兼职的安全生产管理人员。还专门详细规定了安全生产管理人员的职责。安全生产管理人员应当依法履行安全生产管理职责，生产经营单位也要为安全生产管理人员依法履行职责提供便利,同时也要督促其依法履行职责。安全生产管理人员未依法履行安全生产管理职责的,有关部门应当责令限期改正。

这里需要说明的是,本条规定的安全生产管理人员既包括生产经营单位的职工担任安全生产管理人员的情形,也包括生产经营单位根据本法第15条的规定委托有关安全生产管理服务机构的人员承担本单位安全生产管理工作的情形。目前,一些专门从事安全生产管理服务的中介机构,接受委托指派注册安全工程师到生产经营单位承担安全生产管理工作,接受委托指派的注册安全工程师如果在工作中未履行本法规定的安全生产管理职责,也应当适用本条的规定。

第九十七条　【生产经营单位安全管理违法责任(一)】生产经营单位有下列行为之一的,责令限期改正,处十万元以下的罚款;逾期未改正的,责令停产停业整顿,并处十万元以上二十万元以下的罚款,对其直接负责的主管人员和其他直接责任人员处二万元以上五万元以下的罚款:

(一)未按照规定设置安全生产管理机构或者配备安全生产管理人员、注册安全工程师的;

(二)危险物品的生产、经营、储存、装卸单位以及矿山、金属冶炼、建筑施工、运输单位的主要负责人和安全生产管理人员未按照规定经考核合格的;

(三)未按照规定对从业人员、被派遣劳动者、实习学生进行安全生产教育和培训,或者未按照规定如实告知有关的安全生产事项的;

(四)未如实记录安全生产教育和培训情况的;

(五)未将事故隐患排查治理情况如实记录或者未向从业人员通报的;

（六）未按照规定制定生产安全事故应急救援预案或者未定期组织演练的；

（七）特种作业人员未按照规定经专门的安全作业培训并取得相应资格，上岗作业的。

条文注释

本条是对2014年《安全生产法》第94条的修改，与原法条相比，2021年《安全生产法》作了以下改动：一是提高了罚款数额。规定"生产经营单位有下列行为之一的，责令限期改正，处十万元以下的罚款；逾期未改正的，责令停产停业整顿，并处十万元以上二十万元以下的罚款，对其直接负责的主管人员和其他直接责任人员处二万元以上五万元以下的罚款"。二是将原来的"可以处五万元以下的罚款"修改为"处十万元以下的罚款"，只要存在本条规定的违法行为，就处罚款，而非"可以"处罚款。三是增加了违法行为的类型：(1)增加了未按照规定配备"注册安全工程师的"这一违法行为；(2)将主要负责人和安全生产管理人员未按照规定经考核合格的单位的类别增加了危险物品的"装卸单位"，将"道路运输单位"扩大为"运输单位"。

第九十八条　【建设项目违法责任】生产经营单位有下列行为之一的，责令停止建设或者停产停业整顿，限期改正，并处十万元以上五十万元以下的罚款，对其直接负责的主管人员和其他直接责任人员处二万元以上五万元以下的罚款；逾期未改正的，处五十万元以上一百万元以下的罚款，对其直接负责的主管人员和其他直接责任人员处五万元以上十万元以下的罚款；构成犯罪的，依照刑法有关规定追究刑事责任：

（一）未按照规定对矿山、金属冶炼建设项目或者用于生产、储存、装卸危险物品的建设项目进行安全评价的；

（二）矿山、金属冶炼建设项目或者用于生产、储存、装卸危险物品的建设项目没有安全设施设计或者安全设施设计未按照规定报经有关部门审查同意的；

（三）矿山、金属冶炼建设项目或者用于生产、储存、装卸危险物品的建设项目的施工单位未按照批准的安全设施设计施工的；

（四）矿山、金属冶炼建设项目或者用于生产、储存、装卸危险物品的建设项目竣工投入生产或者使用前，安全设施未经验收合格的。

条文注释

本条是关于与建设项目相关的法律责任的规定。

矿山、金属冶炼建设项目或者用于生产、储存、装卸危险物品的建设项目涉及较高的生产安全要求，要对其进行安全评价，需要有安全设施设计并按照有关规定报经有关部门审查同意，施工单位必须按照批准的安全设施设计施工，这些建设项目竣工投入生产或者使用前安全设施需要经验收合格。生产经营单位违反这些要求的，要承担相应的法律责任。

第九十九条 【生产经营单位安全管理违法责任（二）】生产经营单位有下列行为之一的，责令限期改正，处五万元以下的罚款；逾期未改正的，处五万元以上二十万元以下的罚款，对其直接负责的主管人员和其他直接责任人员处一万元以上二万元以下的罚款；情节严重的，责令停产停业整顿；构成犯罪的，依照刑法有关规定追究刑事责任：

（一）未在有较大危险因素的生产经营场所和有关设施、设备上设置明显的安全警示标志的；

（二）安全设备的安装、使用、检测、改造和报废不符合国家标准或者行业标准的；

(三)未对安全设备进行经常性维护、保养和定期检测的;

(四)关闭、破坏直接关系生产安全的监控、报警、防护、救生设备、设施,或者篡改、隐瞒、销毁其相关数据、信息的;

(五)未为从业人员提供符合国家标准或者行业标准的劳动防护用品的;

(六)危险物品的容器、运输工具,以及涉及人身安全、危险性较大的海洋石油开采特种设备和矿山井下特种设备未经具有专业资质的机构检测、检验合格,取得安全使用证或者安全标志,投入使用的;

(七)使用应当淘汰的危及生产安全的工艺、设备的;

(八)餐饮等行业的生产经营单位使用燃气未安装可燃气体报警装置的。

条文注释

本条所讲的构成犯罪,主要是指构成《刑法》第135条规定的重大劳动安全事故罪。《刑法》第135条规定,安全生产设施或者安全生产条件不符合国家规定,因而发生重大伤亡事故或者造成其他严重后果的,对直接负责的主管人员和其他直接责任人员,处3年以下有期徒刑或者拘役;情节特别恶劣的,处3年以上7年以下有期徒刑。根据《最高人民检察院、公安部关于公安机关管辖的刑事案件立案追诉标准的规定(一)》的规定,安全生产设施或者安全生产条件不符合国家规定,涉嫌下列情形之一的,应予立案追诉:(1)造成死亡1人以上,或者重伤3人以上的;(2)造成直接经济损失50万元以上的;(3)发生矿山生产安全事故,造成直接经济损失100万元以上的;(4)其他造成严重后果的情形。根据《最高人民法院、最高人民检察院关于办理危害生产安全刑事案件适用法律若干问题的解释》的规定,《刑法》第135条规定的“直接负责的主管人员和其他直接责任人员”,是指对安全生产设施或者安全生产条件不符合国家规定负有直接责任的生产经营单位负责人、管理人员、实际控制人、投资人,以及其他对安全生产设施或者安全生产条件负有管理、维护职责的人员。发生矿山生产安全事故,具有下列情形之一的,应当认定为《刑法》第135条规定的“重大伤亡事故”或者“其他严重后果”:(1)造成死亡1人以上,或者重伤3人以上的;(2)造成直接经济损失100万元以上的;(3)其他造成严重后果或者重大安全事故的情形。具有下列情形之一的,对相关责任人员处3年以上7年以下有期徒刑:(1)造成死亡3人以上,或者重伤10人以上的,负事故主要责任的;(2)造成直接经济损失500万元以上,负事故主要责任的;(3)其他造成特别严重后果、情节特别恶劣或者后果特别严重的情形。

第一百条 【违法经营危险物品】未经依法批准,擅自生产、经营、运输、储存、使用危险物品或者处置废弃危险物品的,依照有关危险物品安全管理的法律、行政法规的规定予以处罚;构成犯罪的,依照刑法有关规定追究刑事责任。

条文注释

本条所讲的构成犯罪,主要是指构成《刑法》第136条规定的危险物品肇事罪。《刑法》第136条规定,违反爆炸性、易燃性、放射性、毒害性、腐蚀性物品的管理规定,在生产、储存、运输、使用中发生重大事故,造成严重后果的,处3年以下有期徒刑或者拘役;后果特别严重的,处3年以上7年以下有期徒刑。构成危险物品肇事罪,应当符合以下构成要件:第一,行为人在主观方面是过失,如果行为人主观上是故意,则不构成本罪,可能构成爆炸罪等犯罪。第二,行为人客观上实施了违反爆炸性、易燃性、放射性、毒害性、腐蚀性物品管理规定的行为。未经依法批准擅自生产、经营、运输、储存、使用危险物品或者处置废弃危险物品的,就可能属于违反爆炸性、易燃性、放射性、毒害性、腐蚀性物品管理规定的行为。第三,必须由于违反管理规定在生产、储存、运输、使用中发生重大事故造成严重后果,这是追究刑事责任的必要条件。根据《最高人民检察院、公安部关于公安机关管辖的刑事案件立案追诉标准的规定(一)》的规定,违反爆炸性、易燃性、放射性、毒害性、腐蚀性物品的管理规定,在生产、储存、运输、使用中发生重大事故,涉嫌下列情形之一的,应予立案追诉:(1)造成死亡1人以上,或者重伤3人以上的;(2)造成直接经济损失50万元以上的;(3)其他造成严重后果的情形。

关联规定

《危险化学品安全管理条例》第75－96条

《安全生产许可证条例》第19条

《工业产品生产许可证管理条例》第45条

《烟花爆竹安全管理条例》第36－44条

第一百零一条　【生产经营单位安全管理违法责任(三)】 生产经营单位有下列行为之一的,责令限期改正,处十万元以下的罚款;逾期未改正的,责令停产停业整顿,并处十万元以上二十万元以下的罚款,对其直接负责的主管人员和其他直接责任人员处二万元以上五万元以下的罚款;构成犯罪的,依照刑法有关规定追究刑事责任:

(一)生产、经营、运输、储存、使用危险物品或者处置废弃危险物品,未建立专门安全管理制度、未采取可靠的安全措施的;

(二)对重大危险源未登记建档,未进行定期检测、评估、监控,未制定应急预案,或者未告知应急措施的;

(三)进行爆破、吊装、动火、临时用电以及国务院应急管理部门会同国务院有关部门规定的其他危险作业,未安排专门人员进行现场安全管理的;

(四)未建立安全风险分级管控制度或者未按照安全风险分级采取相应管控措施的;

(五)未建立事故隐患排查治理制度,或者重大事故隐患排查治理情况未按照规定报告的。

条文注释

本条所讲的构成犯罪，主要是指构成《刑法》第136条规定的危险物品肇事罪。要构成危险物品肇事罪，行为人主观上需出于过失，客观上需实施了违反爆炸性、易燃性、放射性、毒害性、腐蚀性物品管理规定的行为，并且由于违反管理规定发生重大事故造成严重后果，不符合其中任何一项均不构成该罪。

第一百零二条 【未采取措施消除事故隐患】生产经营单位未采取措施消除事故隐患的，责令立即消除或者限期消除，处五万元以下的罚款；生产经营单位拒不执行的，责令停产停业整顿，对其直接负责的主管人员和其他直接责任人员处五万元以上十万元以下的罚款；构成犯罪的，依照刑法有关规定追究刑事责任。

条文注释

本条规定的承担法律责任的主体有两类：一是有违法行为的生产经营单位；二是有违法行为的生产经营单位的直接负责的主管人员和其他直接责任人员。生产经营单位，包括一切从事生产经营活动的国有企业事业单位、集体所有制的企业事业单位、股份制企业、中外合资经营企业、中外合作经营企业、外资企业、合伙企业、个人独资企业等。生产经营活动，既包括资源的开采活动、各种产品的加工及制作活动，也包括各类工程建设和商业、娱乐业以及其他服务业的经营活动。直接负责的主管人员，是指在单位违法行为中负有直接领导责任的人员，包括违法行为的决策人、事后对单位违法行为予以认可和支持的领导人员，以及由于疏于管理或放任，因而对单位违法行为负有不可推卸的责任的领导人员。其他直接责任人员，是指直接实施单位违法行为的人员。

第一百零三条 【生产经营单位发包、出租违法责任】生产经营单位将生产经营项目、场所、设备发包或者出租给不具备安全生产条件或者相应资质的单位或者个人的，责令限期改正，没收违法所得；违法所得十万元以上的，并处违法所得二倍以上五倍以下的罚款；没有违法所得或者违法所得不足十万元的，单处或者并处十万元以上二十万元以下的罚款；对其直接负责的主管人员和其他直接责任人员处一万元以上二万元以下的罚款；导致发生生产安全事故给他人造成损害的，与承包方、承租方承担连带赔偿责任。

生产经营单位未与承包单位、承租单位签订专门的安全生产管理协议或者未在承包合同、租赁合同中明确各自的安全生产管理职责，或者未对承包单位、承租单位的安全生产统一协调、管理的，责令限期改正，处五万元以下的罚款，对其直接负责的主管人员和其他直接责任人员处一万元以下的罚款；逾期未改正的，责令停产停业整顿。

矿山、金属冶炼建设项目和用于生产、储存、装卸危险物品的建设项目的施工单位未按照规定对施工项目进行安全管理的，责令限期改正，处十万元以下的罚款，对其直接负责的主管人员和其他直接责任人员处二万元以下的罚款；逾期未改正的，责令停产停业整顿。以上施工单位倒卖、出租、出借、挂靠或者以其他形式非法转让施工资质的，责令停产停业整顿，吊销资质证书，没收违法所得；违法所得十万元以上的，并处违法所得二倍以上五倍以下的罚款，没有违法所得或者违法所得不足十万元的，单处或者并处十万元以上二十万元以下的罚款；对其直接负责的主管人员和其他直接责任人员处五万元以上十万元以下的罚款；构成犯罪的，依照刑法有关规定追究刑事责任。

条文注释

本条规定的违法行为有三种:一是生产经营单位将生产经营项目、场所、设备发包或者出租给不具备安全生产条件或者相应资质的单位或者个人。二是生产经营单位未与承包单位、承租单位签订专门的安全生产管理协议或者未在承包合同、租赁合同中明确各自的安全生产管理职责,或者未对承包单位、承租单位的安全生产统一协调、管理。三是2021年《安全生产法》增加的内容,即矿山、金属冶炼建设项目和用于生产、储存、装卸危险物品的建设项目的施工单位未按规定对施工项目进行安全管理。

导致发生生产安全事故给他人造成损害的,与承包方、承租方承担连带赔偿责任。即因生产经营单位将生产经营项目、场所、设备发包或者出租给不具备安全生产条件或者相应资质的单位或者个人,导致发生生产安全事故给他人造成损害的,受损失方可以要求作为发包方或者出租方的生产经营单位和承包方或者承租方的任何一方承担全部赔偿责任。连带责任的特征主要表现在:(1)连带责任对于责任人而言是一种比较严重的责任方式。连带责任对外是一个整体的责任,连带责任中的每个责任人都需要对权利人承担全部责任,被请求承担全部责任的连带责任人不得以自己的过错程度等为由只承担自己的责任。(2)连带责任对权利人保护得更为充分。连带责任给了权利人选择权,权利人可以请求一个或者数个连带责任人承担全部或者部分责任,在某个或者部分连带责任人无清偿能力的情况下,权利人的全部债权并不受到威胁。(3)连带责任是法定责任,责任人不能约定改变责任的性质,对于内部责任份额的约定对外不发生效力。

第一百零四条 【同一作业区域安全管理违法责任】两个以上生产经营单位在同一作业区域内进行可能危及对方安全生产的生产经营活动,未签订安全生产管理协议或者未指定专职安全生产管理人员进行安全检查与协调的,责令限期改正处五万元以下的罚款,对其直接负责的主管人员和其他直接责任人员处一万元以下的罚款;逾期未改正的,责令停产停业。

条文注释

按照本法规定,两个以上生产经营单位在同一作业区域内进行生产经营活动,可能危及对方生产安全的,应当签订安全生产管理协议,明确各自的安全生产管理职责和应当采取的安全措施,并指定专职安全生产管理人员进行安全检查与协调。符合规定情形的生产经营单位应当既签订安全生产管理协议又指定专职安全生产管理人员,既不签订安全生产管理协议又不指定专职安全生产管理人员,只签订安全生产管理协议而未指定专职安全生产管理人员,或者只指定专职安全生产管理人员而未签订安全生产管理协议的,均属于本条规定的违法行为,应当承担相应的法律责任。

本条规定的承担法律责任的主体有两类:一是有本条规定的违法行为的生产经营单位;二是有本条规定的违法行为的生产经营单位的直接负责的主管人员和其他直接责任人员。这里的"生产经营单位",是在同一作业区域内进行可能危及对方安全生产的生产经营活动的生产经营单位,从数量上来说至少为两个,包括两个或两个以上。

第一百零五条 【生产经营场所和员工宿舍违法责任】生产经营单位有下列行为之一的,责令限期改正,处五万元以下的罚款,对其直接负责的主管人员和其他直接责任人员处一万元以下的罚款;逾期未改正的,责令停产停业整顿;构成犯罪的,依照刑法有关规定追究刑事责任:

（一）生产、经营、储存、使用危险物品的车间、商店、仓库与员工宿舍在同一座建筑内，或者与员工宿舍的距离不符合安全要求的；

（二）生产经营场所和员工宿舍未设有符合紧急疏散需要、标志明显、保持畅通的出口、疏散通道，或者占用、锁闭、封堵生产经营场所或者员工宿舍出口、疏散通道的。

条文注释

本条所讲的构成犯罪，主要是指构成《刑法》第 136 条规定的危险物品肇事罪和第 139 条规定的消防责任事故罪。《刑法》第 136 条规定，违反爆炸性、易燃性、放射性、毒害性、腐蚀性物品的管理规定，在生产、储存、运输、使用中发生重大事故，造成严重后果的，处 3 年以下有期徒刑或者拘役；后果特别严重的，处 3 年以上 7 年以下有期徒刑。《刑法》第 139 条规定，违反消防管理法规，经消防监督机构通知采取改正措施而拒绝执行，造成严重后果的，对直接责任人员，处 3 年以下有期徒刑或者拘役；后果特别严重的，处 3 年以上 7 年以下有期徒刑。构成危险物品肇事罪，须具备以下要件：一是主观上是过失，如果是故意则构成其他犯罪；二是在客观上实施了违反爆炸性、易燃性、放射性、毒害性、腐蚀性物品管理规定的行为；三是造成了严重后果。构成消防责任事故罪，须具备以下要件：一是行为人主观上是出于过失；二是行为人客观上违反了消防管理规定，并且经消防监督机构通知采取改正措施而拒绝执行；三是必须造成严重后果。需要注意的是，以上两种犯罪中的“过失”，是指行为人对于严重后果的发生在主观心态上是过失，包括疏忽大意的过失和过于自信的过失两种，行为人对于自己的行为违反相关管理规定则可能是故意。对于造成什么样的后果才构成这里的“严重后果”，根据《最高人民检察院、公安部关于公安机关管辖的刑事案件立案追诉标准的规定（一）》的规定，违反爆炸性、易燃性、放射性、毒害性、腐蚀性物品的管理规定，在生产、储存、运输、使用中发生重大事故，涉嫌下列情形之一的，应予立案追诉：(1)造成死亡1人以上，或者重伤3人以上的；(2)造成直接经济损失50万元以上的；(3)其他造成严重后果的情形。违反消防管理法规，经消防监督机构通知采取改正措施而拒绝执行，涉嫌下列情形之一的，应予立案追诉：(1)造成死亡1人以上，或者重伤3人以上的；(2)造成直接经济损失50万元以上的；(3)造成森林火灾，过火有林地面积2公顷以上，或者过火疏林地、灌木林地、未成林地、苗圃地面积4公顷以上的；(4)其他造成严重后果的情形。

第一百零六条　【免责协议违法责任】生产经营单位与从业人员订立协议，免除或者减轻其对从业人员因生产安全事故伤亡依法应承担的责任的，该协议无效；对生产经营单位的主要负责人、个人经营的投资人处二万元以上十万元以下的罚款。

条文注释

本条规定的承担法律责任的主体是生产经营单位的主要负责人和个人经营的投资人，而不是生产经营单位。根据本法规定，生产经营单位的主要负责人对本单位的安全生产工作全面负责，既有管理指挥的权力，又有承担全面责任的义务。此外，实践中一些民营企业，投资人对企业的重大事项掌握最后的决策权，因此，在处罚对象中特别列出个人经营的投资人，即直接由个人业主负责，而不是由他所招用的管理人员负责，这样规定可以防止一些个人业主招用其他人挂名而逃脱自身应尽的责任。

由于所述协议是违法订立的，不具有合法性，自始无效。也就是说，从签订之日起，就没有法律约束力，法律既不保护无效协议当事人的利益，也不强制当事人履行无效协议规定的义务。需要注意的是，当生产经营单位免除或者减轻其对从业人员因生产安全事故伤亡依法应承担的责任的协议表现为生产经营单位与从业人员签订的劳动合同中的有关条款时，无效的仅仅是生产经营单位免除或者减轻其责任的那部分条款，劳动合同的其余部分仍然有效，对双方当事人仍有约束力。

第一百零七条　【从业人员违章操作责任】生产经营单位的从业人员不落实岗位安全责任，不服从管理，违反安全生产规章制度或者操作规程的，由生产经营单位给予批评教育，依照有关规章制度给予处分；构成犯罪的，依照刑法有关规定追究刑事责任。

条文注释

需要注意的是，企业规章制度的内容不能违反法律、法规的规定，规章制度的制定程序也要符合法律的要求。根据《劳动合同法》的规定，用人单位在制定、修改或者决定有关劳动报酬、工作时间、休息休假、劳动安全卫生、保险福利、职工培训、劳动纪律以及劳动定额管理等直接涉及劳动者切身利益的规章制度或者重大事项时，应当经职工代表大会或者全体职工讨论，提出方案和意见，与工会或者职工代表平等协商确定。用人单位应当将直接涉及劳动者切身利益的规章制度和重大事项决定公示，或者告知劳动者。用人单位的规章制度违反法律、法规的规定，损害劳动者权益的，劳动者可以解除劳动合同，并要求用人单位支付经济补偿。用人单位直接涉及劳动者切身利益的规章制度违反法律、法规规定的，由劳动行政部门责令改正，给予警告；给劳动者造成损害的，应当承担赔偿责任。

本条所讲的构成犯罪，主要是指构成《刑法》第 134 条规定的重大责任事故罪。《刑法》第 134 条规定，在生产、作业中违反有关安全管理的规定，因而发生重大伤亡事故或者造成其他严重后果的，处 3 年以下有期徒刑或者拘役；情节特别恶劣的，处 3 年以上 7 年以下有期徒刑。构成重大责任事故罪，须具备以下条件：一是行为人在生产、作业中实施了违反有关安全管理规定的行为。二是因违反安全管理规定造成重大伤亡事故或者其他严重后果，违反规定的行为与重大伤亡事故或者其他严重后果之间存在刑法上的因果关系。

对于何为“重大伤亡事故”或者“其他严重后果”,根据《最高人民检察院、公安部关于公安机关管辖的刑事案件立案追诉标准的规定(一)》的规定,在生产、作业中违反有关安全管理的规定,涉嫌下列情形之一的,应予立案追诉:(1)造成死亡1人以上,或者重伤3人以上的;(2)造成直接经济损失50万元以上的;(3)发生矿山生产安全事故,造成直接经济损失100万元以上的;(4)其他造成严重后果的情形。三是行为人主观方面表现为过失。即应当知道自己违反安全管理规定生产、作业的行为可能会造成重大伤亡事故或者其他严重后果但因为疏忽大意而没有预见,或者虽然已经预见但根据主客观条件轻信能够避免,最终导致重大伤亡事故或者其他严重后果。如果行为人对造成的后果的心态是故意,则构成其他危害公共安全的犯罪。无论是疏忽大意的过失还是过于自信的过失,行为人主观上都不希望发生重大伤亡事故或者其他严重后果,但其对于违反安全管理规定本身则可能是出于故意。

第一百零八条 【生产经营单位不服从监督检查责任】违反本法规定,生产经营单位拒绝、阻碍负有安全生产监督管理职责的部门依法实施监督检查的,责令改正;拒不改正的,处二万元以上二十万元以下的罚款;对其直接负责的主管人员和其他直接责任人员处一万元以上二万元以下的罚款;构成犯罪的,依照刑法有关规定追究刑事责任。

条文注释

本条所讲的构成犯罪,主要是指构成《刑法》第277条规定的妨害公务罪。《刑法》第277条规定,以暴力、威胁方法阻碍国家机关工作人员依法执行职务的,处3年以下有期徒刑、拘役、管制或者罚金。构成妨害公务罪,须具备以下条件:(1)行为人以暴力、威胁方法阻碍国家机关工作人员依法执行职务。阻碍国家机关工作人员依法执行职务,既包括以暴力、威胁的方式进行阻碍,也包括以暴力、威胁以外的其他方式进行阻碍。所谓“暴力”,是指对执行公务人员的人身进行打击或者强制，如捆绑、殴打等，如果行为人在使用暴力阻碍国家机关工作人员依法执行职务的过程中，造成国家机关工作人员重伤或者死亡，牵连触犯了故意伤害罪或者故意杀人罪，应当按照牵连犯的处理原则，从一重罪处断，即以故意伤害罪或者故意杀人罪定罪处罚。所谓“威胁”，是指对执行公务人员以杀害、伤害、毁坏财物、损害名誉等造成恶害相威逼、胁迫。应当注意的是，行为人只有以暴力、威胁方法阻碍国家机关工作人员依法执行职务，才可能构成妨害公务罪。如果行为人只是对依法执行职务的国家机关工作人员吵闹、谩骂等，并未实施暴力或者威胁方法，则不构成本罪，属于违反治安管理行为的，要依据《治安管理处罚法》的规定由公安机关予以治安管理处罚。根据《治安管理处罚法》的规定，阻碍国家机关工作人员依法执行职务的，处警告或者200元以下罚款；情节严重的，处5日以上10日以下拘留，可以并处500元以下罚款。需要注意的是，国家机关工作人员必须是依法执行职务，如果不是依法执行职务，而是利用职权违法乱纪或者滥用职权，生产经营单位对其进行阻止的，则不能认为构成妨害公务罪。(2)行为人主观上是出于故意。也就是说，行为人明知对方是正在依法执行公务的国家机关工作人员而对其实施暴力或者威胁，目的是阻碍其依法执行公务。如果行为人不知道对方是在依法执行职务的国家机关工作人员，而对其实施了上述行为，则可能构成其他犯罪，但不构成妨害公务罪。

第一百零九条 【未投保安责险的法律责任】高危行业、领域的生产经营单位未按照国家规定投保安全生产责任保险的，责令限期改正，处五万元以上十万元以下的罚款；逾期未改正的，处十万元以上二十万元以下的罚款。

条文注释

高危行业、领域的生产经营单位应当按照国家规定投保安全生产责任保险。“国家规定”不限于《安全生产法》的规定，还包括其他法律、法规、规章中规定应当投保安全生产责任保险的高危行业、领域的生产经营单位。例如，《安全生产责任保险实施办法》规定，煤矿、非煤矿山、危险化学品、烟花爆竹、交通运输、建筑施工、民用爆炸物品、金属冶炼、渔业生产等高危行业领域的生产经营单位应当投保安全生产责任保险。这些生产经营单位不投保安全生产责任保险的，负有安全生产监督管理职责的部门依据本条的规定对其进行处罚。

第一百一十条 【单位主要负责人事故处理违法责任】生产经营单位的主要负责人在本单位发生生产安全事故时，不立即组织抢救或者在事故调查处理期间擅离职守或者逃匿的，给予降级、撤职的处分，并由应急管理部门处上一年年收入百分之六十至百分之一百的罚款；对逃匿的处十五日以下拘留；构成犯罪的，依照刑法有关规定追究刑事责任。

生产经营单位的主要负责人对生产安全事故隐瞒不报、谎报或者迟报的，依照前款规定处罚。

条文注释

本条规定是2014年《安全生产法》对原法条第91条的修改。与原法条相比主要有以下改动：一是将条文中的“发生重大生产安全事故”修改为“发生生产安全事故”，扩大了本条适用的范围，即不仅是重大生产安全事故，发生各类生产安全事故，生产经营单位的主要负责人都要遵守本条规定。二是将条文中的“降职”改为“降级”，这一修改的目的是与《公务员法》衔接。根据《公务员法》第62条的规定，处分分为警告、记过、记大过、降级、撤职和开除，“降级”是规范的表述。三是将条文中的“拖延不报”修改为“迟报”。这一文字修改的目的是让表述更加准确，原来规定的“拖延不报”与“隐瞒不报”有交叉，因此改为“迟报”更加准确。四是规定了“处上一年年收入百分之六十至百分之一百的罚款”的处罚。

第一百一十一条 【政府部门未按规定报告事故责任】有关地方人民政府、负有安全生产监督管理职责的部门，对生产安全事故隐瞒不报、谎报或者迟报的，对直接负责的主管人员和其他直接责任人员依法给予处分；构成犯罪的，依照刑法有关规定追究刑事责任。

条文注释

本条所讲的构成犯罪，主要是指构成《刑法》第397条规定的关于国家机关工作人员滥用职权、玩忽职守的犯罪。依照《刑法》第397条的规定，国家机关工作人员滥用职权或者玩忽职守，致使公共财产、国家和人民利益遭受重大损失的，处3年以下有期徒刑或者拘役；情节特别严重的，处3年以上7年以下有期徒刑。构成该罪，必须具备的条件是：第一，客观上实施了滥用职权、玩忽职守的行为。例如，对生产安全事故隐瞒不报，就是一种不履行职责的行为。第二，客观上必须有由于滥用职权、玩忽职守致使公共财产、国家和人民利益遭受重大损失的严重后果。这是划分罪与非罪的重要标准。

第一百一十二条 【拒不改正按日连续处罚】生产经营单位违反本法规定，被责令改正且受到罚款处罚，拒不改正的，负有安全生产监督管理职责的部门可以自作出责令改正之日的次日起，按照原处罚数额按日连续处罚。

条文注释

本条的主要适用情形是：一是生产经营单位存在《安全生产法》规定的违法行为，被责令改正且受到罚款处罚，拒不改正的情形；二是生产经营单位因存在事故隐患被责令立即消除或者限期消除事故隐患且受到罚款处罚，拒不改正的情形。负有安全生产监督管理职责的部门可以自作出责令改正之日的次日起，按照原处罚数额按日对拒不改正的生产经营单位连续处罚。“可以”二字说明，负有安全生产监督管理职责的部门根据具体情况，可以选择按日连续处罚，也可以不选择。

第一百一十三条　【不具备安全生产条件的处罚】生产经营单位存在下列情形之一的，负有安全生产监督管理职责的部门应当提请地方人民政府予以关闭，有关部门应当依法吊销其有关证照。生产经营单位主要负责人五年内不得担任任何生产经营单位的主要负责人；情节严重的，终身不得担任本行业生产经营单位的主要负责人：

（一）存在重大事故隐患，一百八十日内三次或者一年内四次受到本法规定的行政处罚的；

（二）经停产停业整顿，仍不具备法律、行政法规和国家标准或者行业标准规定的安全生产条件的；

（三）不具备法律、行政法规和国家标准或者行业标准规定的安全生产条件，导致发生重大、特别重大生产安全事故的；

（四）拒不执行负有安全生产监督管理职责的部门作出的停产停业整顿决定的。

条文注释

按照本法第 20 条的规定，生产经营单位应当具备本法和有关法律、行政法规和国家标准或者行业标准规定的安全生产条件；不具备安全生产条件的，不得从事生产经营活动。这是生产经营单位从事生产经营活动必须具备的前提条件。本法对生产经营单位的安全生产条件有若干规定，例如，要求生产经营单位新建、改建、扩建工程项目的安全设施必须与主体工程同时设计、同时施工、同时投入生产和使用；生产经营单位应当在有较大危险因素的生产经营场所和有关设施、设备上，设置明显的安全警示标志；安全设备的安装、使用、检测、改造和报废，应当符合国家标准或者行业标准等。依照本法有关规定，对于生产经营单位违反有关安全生产的法律、法规和国家标准或者行业标准，不具备安全生产条件的，应由有关行政执法机关责令限期改正；逾期未改正的，给予责令停止建设或者停产停业整顿等行政处罚。依照本条规定,对于经停产停业整顿仍不具备安全生产条件的,应当给予进一步的处罚,即予以关闭。这里所说的"关闭",是指行政机关对违反行政管理秩序的企业、事业单位或者其他组织,依法剥夺其从事某项生产经营活动的权利的一种行政处罚。关闭对于生产经营单位来说,是一种比较严厉的行政处罚,因此在实施时应当慎重。

按照本条规定,对于有本条规定的违法行为的,在予以关闭的同时,有关部门应当依法吊销其有关证照。这里讲的"吊销其有关证照",是指有关行政执法机关依法取消生产经营单位从事生产经营活动的合法凭证,包括吊销营业执照、吊销采矿许可证、吊销危险化学品生产许可证、吊销危险化学品经营许可证等。吊销营业执照,是指工商行政管理部门取消企业和个体工商户经工商行政管理部门核准登记后获得的从事生产经营活动的合法凭证;吊销采矿许可证,是指由矿产资源主管部门取消有违法行为的单位所取得的许可开采矿产资源的合法凭证,取消其采矿的资格;吊销危险化学品生产许可证、危险化学品经营许可证,是指由负责颁发许可证的有关部门取消违法单位所取得的许可其从事危险化学品生产、经营的合法凭证,取消该企业从事危险化学品生产、经营活动的资格。

第一百一十四条 【事故责任单位处罚】发生生产安全事故,对负有责任的生产经营单位除要求其依法承担相应的赔偿等责任外,由应急管理部门依照下列规定处以罚款:

(一)发生一般事故的,处三十万元以上一百万元以下的罚款;

(二)发生较大事故的,处一百万元以上二百万元以下的罚款;

(三)发生重大事故的,处二百万元以上一千万元以下的罚款；

（四）发生特别重大事故的，处一千万元以上二千万元以下的罚款。

发生生产安全事故，情节特别严重、影响特别恶劣的，应急管理部门可以按照前款罚款数额的二倍以上五倍以下对负有责任的生产经营单位处以罚款。

条文注释

本条以及第95条规定的处罚决定机关是应急管理部门，这是本法关于处罚决定机关的专门规定。因为依据本法第115条的规定，本法规定的行政处罚，由应急管理部门和其他负有安全生产监督管理职责的部门按照职责分工决定，即应急管理部门和其他相关主管部门都可以根据各自的职责按照本法规定实施行政处罚。但是从实际工作中看，对于生产安全事故的调查和处理，原则上是由应急管理部门在政府领导下进行组织或者牵头，其他部门参加，为了统一、公正执法，对事故单位处以罚款，原则上也应当由一个执法部门执行。因此，本条专门规定由应急管理部门进行处罚。同时，根据本法第2条的规定，有关法律、行政法规对消防安全和道路交通安全、铁路交通安全、水上交通安全、民用航空安全以及核与辐射安全、特种设备安全另有规定的，适用其规定。目前，一些法律、行政法规对事故责任单位的处罚决定机关有相应的规定。例如，根据《特种设备安全法》和《特种设备安全监察条例》的规定，特种设备重大以下事故的责任单位，由负责特种设备安全监督管理的部门给予相应的罚款。本条规定并不排斥有关法律、行政法规对事故责任单位的处罚决定机关另行作出规定。

关联规定

《特种设备安全法》

《特种设备安全监察条例》

第一百一十五条 【行政处罚决定机关】本法规定的行政处罚,由应急管理部门和其他负有安全生产监督管理职责的部门按照职责分工决定;其中,根据本法第九十五条、第一百一十条、第一百一十四条的规定应当给予民航、铁路、电力行业的生产经营单位及其主要负责人行政处罚的,也可以由主管的负有安全生产监督管理职责的部门进行处罚。予以关闭的行政处罚,由负有安全生产监督管理职责的部门报请县级以上人民政府按照国务院规定的权限决定;给予拘留的行政处罚,由公安机关依照治安管理处罚的规定决定。

条文注释

负有安全生产监督管理职责的部门针对违法行为的范围,要根据各部门的职责分工来确定。目前,规定各部门的职责分工的依据主要是有关法律、法规和国务院的“三定方案”等。

民航、铁路、电力行业的主要负责人因《安全生产法》第95条受到事故罚款或因第110条规定的违法行为受到处罚的,以及民航、铁路、电力行业的生产经营单位受到《安全生产法》第114条的事故罚款的,原则上由应急管理部门行使,但也可以由主管民航、铁路、电力行业的负有安全生产监督管理职责的部门进行处罚。

关闭是最为严厉的行政处罚,所以关闭生产经营单位的,由负有安全生产监督管理职责的部门报请县级以上人民政府按照国务院规定的权限决定。

限制人身自由的行政处罚权只能由公安机关行使,给予拘留的行政处罚由公安机关依照《治安管理处罚法》的规定决定。

关联规定

《治安管理处罚法》

第一百一十六条　【生产经营单位赔偿责任】生产经营单位发生生产安全事故造成人员伤亡、他人财产损失的，应当依法承担赔偿责任；拒不承担或者其负责人逃匿的，由人民法院依法强制执行。

生产安全事故的责任人未依法承担赔偿责任，经人民法院依法采取执行措施后，仍不能对受害人给予足额赔偿的，应当继续履行赔偿义务；受害人发现责任人有其他财产的，可以随时请求人民法院执行。

条文注释

按照《民事诉讼法》的规定，发生法律效力的民事判决、裁定，当事人必须履行。一方拒绝履行的，对方当事人可以向人民法院申请执行，也可以由审判员移送执行员执行。调解书和其他应当由人民法院执行的法律文书，当事人必须履行。一方拒绝履行的，对方当事人可以向人民法院申请执行。人民法院在强制执行时，可以采取以下强制措施：查询、冻结、划拨被执行人的存款；扣留、提取被执行人的收入；查封、扣押、拍卖、变卖被执行人的财产；搜查被执行人的财产；强制被执行人履行法律文书指定的行为等。

人民法院采取一定的执行措施后，被执行人仍不能偿还债务的，应当继续履行义务。债权人发现被执行人有其他财产的，可以随时请求人民法院执行。在实践中，一般有以下两种情况：一是有些生产安全事故的责任人有能力履行赔偿义务，但是却称自己没有赔偿能力，企图拖延一段时间，不承担责任；二是有些生产安全事故的责任人确实是由于经济状况不好，或者资金周转不灵，无力承担赔偿责任。无论是由于何种情况不能履行，都不能免除其赔偿义务。生产安全事故责任人的赔偿义务，也不因采取强制措施而终止。生产安全事故的责任人什么时候有能力履行赔偿义务，就应当什么时候履行义务，直到完全履行赔偿义务为止。在这期间，如果受害人发现生产安全事故的责任人在采取执行措施后，还有其他可供执行的财产,或者发现生产安全事故的责任人经过一段时间的恢复后,又获得了新的财产,可以随时请求人民法院执行。

关联规定

《民事诉讼法》第3编“执行程序”

第七章　附　　则

第一百一十七条　【用语解释】本法下列用语的含义:

危险物品,是指易燃易爆物品、危险化学品、放射性物品等能够危及人身安全和财产安全的物品。

重大危险源,是指长期地或者临时地生产、搬运、使用或者储存危险物品,且危险物品的数量等于或者超过临界量的单元(包括场所和设施)。

条文注释

1. 危险物品。

《危险化学品安全管理条例》第3条规定,本条例所称危险化学品,是指具有毒害、腐蚀、爆炸、燃烧、助燃等性质,对人体、设施、环境具有危害的剧毒化学品和其他化学品。“危险化学品目录,由国务院安全生产监督管理部门会同国务院工业和信息化、公安、环境保护、卫生、质量监督检验检疫、交通运输、铁路、民用航空、农业主管部门,根据化学品危险特性的鉴别和分类标准确定、公布,并适时调整。”放射性,是指不稳定核素自发放出粒子或γ辐射,或在轨道电子俘获后放出α辐射,或自发裂变的性质。放射性物质,就是指能发出射线的物质,如放射性同位素、射线装置等。

2. 重大危险源。

《危险化学品安全管理条例》第19条规定,危险化学品生产装置或者储存数量构成重大危险源的危险化学品储存设施(运输工具加油站、加气站除外),与下列场所、设施、区域的距离应当符合国家有关规定:(1)居住区以及商业中心、公园等人员密集场所;(2)学校、医院、影剧院、体育场(馆)等公共设施;(3)饮用水源、水厂以及水源保护区;(4)车站、码头(依法经许可从事危险化学品装卸作业的除外)、机场以及通信干线、通信枢纽、铁路线路、道路交通干线、水路交通干线、地铁风亭以及地铁站出入口;(5)基本农田保护区、基本草原、畜禽遗传资源保护区、畜禽规模化养殖场(养殖小区)、渔业水域以及种子、种畜禽、水产苗种生产基地;(6)河流、湖泊、风景名胜区、自然保护区;(7)军事禁区、军事管理区;(8)法律、行政法规规定的其他场所、设施、区域。储存数量构成重大危险源的危险化学品储存设施的选址,应当避开地震活动断层和容易发生洪灾、地质灾害的区域。

第一百一十八条 【事故、隐患分类判定标准的制定】本法规定的生产安全一般事故、较大事故、重大事故、特别重大事故的划分标准由国务院规定。

国务院应急管理部门和其他负有安全生产监督管理职责的部门应当根据各自的职责分工,制定相关行业、领域重大危险源的辨识标准和重大事故隐患的判定标准。

条文注释

1. 事故的划分标准。

根据国务院《生产安全事故报告和调查处理条例》第3条的规定,根据生产安全事故造成的人员伤亡或者直接经济损失,事故一般分为以下等级:(1)特别重大事故,是指造成30人以上死亡,或者100人以上重伤(包括急性工业中毒,下同),或者1亿元以上直接经济损失的事故;(2)重大事故,是指造成10人以上30人以下死亡,或者50人以上100人以下重伤,或者5000万元以上1亿元以下直接经济损失的事故;(3)较大事故,是指造成3人以上10人以下死亡,或者10人以上50人以下重伤,或者1000万元以上5000万元以下直接经济损失的事故;(4)一般事故,是指造成3人以下死亡,或者

10人以下重伤,或者1000万元以下直接经济损失的事故。上述"以上"包括本数,"以下"不包括本数。国务院应急管理部门可以会同国务院有关部门,制定事故等级划分的补充性规定。上述规定只能适用于生产经营活动中发生的造成人身伤亡或者直接经济损失的生产安全事故,环境污染事故、核设施事故、国防科研生产事故的划分不适用上述规定。

2. 重大事故隐患。

(1)目前安全生产相关行业、领域对重大事故隐患存在不同界定。《安全生产事故隐患排查治理暂行规定》第3条规定,安全生产事故隐患,是指生产经营单位违反安全生产法律、法规、规章、标准、规程和安全生产管理制度的规定,或者因其他因素在生产经营活动中存在可能导致事故发生的物的危险状态、人的不安全行为和管理上的缺陷。事故隐患分为一般事故隐患和重大事故隐患。一般事故隐患,是指危害和整改难度较小,发现后能够立即整改排除的隐患。重大事故隐患,是指危害和整改难度较大,应当全部或者局部停产停业,并经过一定时间整改治理方能排除的隐患,或者因外部因素影响致使生产经营单位自身难以排除的隐患。这是一般性的规定。

(2)特殊行业对重大事故隐患的界定因行业性质而有所差异。《安全生产领域举报奖励办法》规定,煤矿重大事故隐患按照《煤矿重大事故隐患判定标准》的规定认定。《煤矿安全生产条例》明确规定煤矿企业有下列情形之一的,属于重大事故隐患,应当立即停止受影响区域生产、建设,并及时消除事故隐患:①超能力、超强度或者超定员组织生产的;②瓦斯超限作业的;③煤(岩)与瓦斯(二氧化碳)突出矿井未按照规定实施防突措施的;④煤(岩)与瓦斯(二氧化碳)突出矿井、高瓦斯矿井未按照规定建立瓦斯抽采系统,或者系统不能正常运行的;⑤通风系统不完善、不可靠的;⑥超层、越界开采的;⑦有严重水患,未采取有效措施的;⑧有冲击地压危险,未采取有效措施的;⑨自然发火严重,未采取有效措施的;⑩使用应当淘汰的危及生产安全的设备、工艺的;⑪未按照规定建立监控与通讯系统,或者系统不能正常运行的;⑫露天煤矿边坡角大于设计最大值或者边坡发生严重变形,未采取有效措施的;⑬未按照规定采用双回路供电系统的;⑭新建煤矿边建设边生产,煤矿改扩建期间,在改扩建的区域生产,或者在其他区域的生产超出设计规定的范围和规模的;⑮实行整体承包生产经营后,未重新取得或者及时变更安全生产许可证而从事生产,或者承包方再次转包,以及将井下采掘工作面和井巷维修作业外包的;⑯改制、合并、分立期间,未明确安全生产责任人和安全生产管理机构,或者在完成改制、合并、分立后,未重新取得或者及时变更安全生产许可证等的;⑰有其他重大事故隐患的。

第一百一十九条 【生效日期】本法自2002年11月1日起施行。

条文注释

应注意法律的溯及力问题,这是指法律生效以后能否适用于生效以前的行为和事件,如果适用,就表明有溯及力;如果不能适用,就表明没有溯及力。一部法律如果有溯及力,必须在条文中作出明确的规定,《安全生产法》对溯及力问题没有作出规定,表明本法没有溯及力,即不能适用于本法生效以前的行为和事件。

还应注意的是,目前修改法律主要有两种形式:一种是对法律进行的修订,即对法律全文作全面修改;另一种是对法律部分条文进行修改,即对法律的部分条文通过修正案的方式予以修改,不对法律全文作修改,未修改的部分继续实行。因此,法律修改后的生效日期也有两种形式,属于修订法律的,一般是重新公布法律的生效日期;属于对法律部分条文作修改的,一般不修改法律的生效日期,只是规定法律的修改决定的公布日期,修改部分执行修改决定的生效日期,未修改的部分执行原来法律规定的生效日期。2021年《安全生产法》修改决定规定,该决定自2021年9月1日起施行,即对《安全生产法》修改的部分,自2021年9月1日起开始施行。

附录

中华人民共和国特种设备安全法

（2013年6月29日第十二届全国人民代表大会常务委员会第三次会议通过　2013年6月29日中华人民共和国主席令第4号公布　自2014年1月1日起施行）

目　　录

第一章　总　　则

第一条　【立法目的】为了加强特种设备安全工作，预防特种设备事故，保障人身和财产安全，促进经济社会发展，制定本法。

第二条　【调整范围】特种设备的生产（包括设计、制造、安装、改造、修理)、经营、使用、检验、检测和特种设备安全的监督管理,适用本法。

本法所称特种设备,是指对人身和财产安全有较大危险性的锅炉、压力容器(含气瓶)、压力管道、电梯、起重机械、客运索道、大型游乐设施、场(厂)内专用机动车辆,以及法律、行政法规规定适用本法的其他特种设备。

国家对特种设备实行目录管理。特种设备目录由国务院负责特种设备安全监督管理的部门制定,报国务院批准后执行。

第三条 【基本原则】特种设备安全工作应当坚持安全第一、预防为主、节能环保、综合治理的原则。

第四条 【安全监督管理方式】国家对特种设备的生产、经营、使用,实施分类的、全过程的安全监督管理。

第五条 【安全监督管理行政部门】国务院负责特种设备安全监督管理的部门对全国特种设备安全实施监督管理。县级以上地方各级人民政府负责特种设备安全监督管理的部门对本行政区域内特种设备安全实施监督管理。

第六条 【领导安全工作】国务院和地方各级人民政府应当加强对特种设备安全工作的领导,督促各有关部门依法履行监督管理职责。

县级以上地方各级人民政府应当建立协调机制,及时协调、解决特种设备安全监督管理中存在的问题。

第七条 【遵纪守法】特种设备生产、经营、使用单位应当遵守本法和其他有关法律、法规,建立、健全特种设备安全和节能责任制度,加强特种设备安全和节能管理,确保特种设备生产、经营、使用安全,符合节能要求。

第八条 【技术规范】特种设备生产、经营、使用、检验、检测应当遵守有关特种设备安全技术规范及相关标准。

特种设备安全技术规范由国务院负责特种设备安全监督管理的部门制定。

第九条 【行业自律】特种设备行业协会应当加强行业自律,推进行业诚信体系建设,提高特种设备安全管理水平。

第十条 【支持研究与推广应用】国家支持有关特种设备安全的科学技术研究,鼓励先进技术和先进管理方法的推广应用,对做出突出贡献的单位和个人给予奖励。

第十一条 【宣传教育】负责特种设备安全监督管理的部门应当加强特

种设备安全宣传教育，普及特种设备安全知识，增强社会公众的特种设备安全意识。

第十二条 【举报】任何单位和个人有权向负责特种设备安全监督管理的部门和有关部门举报涉及特种设备安全的违法行为，接到举报的部门应当及时处理。

第二章 生产、经营、使用

第一节 一般规定

第十三条 【单位及主要负责人】特种设备生产、经营、使用单位及其主要负责人对其生产、经营、使用的特种设备安全负责。

特种设备生产、经营、使用单位应当按照国家有关规定配备特种设备安全管理人员、检测人员和作业人员，并对其进行必要的安全教育和技能培训。

第十四条 【取得相应资格】特种设备安全管理人员、检测人员和作业人员应当按照国家有关规定取得相应资格，方可从事相关工作。特种设备安全管理人员、检测人员和作业人员应当严格执行安全技术规范和管理制度，保证特种设备安全。

第十五条 【检测、保养与检验】特种设备生产、经营、使用单位对其生产、经营、使用的特种设备应当进行自行检测和维护保养，对国家规定实行检验的特种设备应当及时申报并接受检验。

第十六条 【技术评审】特种设备采用新材料、新技术、新工艺，与安全技术规范的要求不一致，或者安全技术规范未作要求、可能对安全性能有重大影响的，应当向国务院负责特种设备安全监督管理的部门申报，由国务院负责特种设备安全监督管理的部门及时委托安全技术咨询机构或者相关专业机构进行技术评审，评审结果经国务院负责特种设备安全监督管理的部门批准，方可投入生产、使用。

国务院负责特种设备安全监督管理的部门应当将允许使用的新材料、新技术、新工艺的有关技术要求，及时纳入安全技术规范。

第十七条 【责任保险】国家鼓励投保特种设备安全责任保险。

第二节 生 产

第十八条 【许可制度】国家按照分类监督管理的原则对特种设备生产

实行许可制度。特种设备生产单位应当具备下列条件,并经负责特种设备安全监督管理的部门许可,方可从事生产活动:

(一)有与生产相适应的专业技术人员;

(二)有与生产相适应的设备、设施和工作场所;

(三)有健全的质量保证、安全管理和岗位责任等制度。

第十九条 【对安全性能负责】特种设备生产单位应当保证特种设备生产符合安全技术规范及相关标准的要求,对其生产的特种设备的安全性能负责。不得生产不符合安全性能要求和能效指标以及国家明令淘汰的特种设备。

第二十条 【设计文件的鉴定与型式试验】锅炉、气瓶、氧舱、客运索道、大型游乐设施的设计文件,应当经负责特种设备安全监督管理的部门核准的检验机构鉴定,方可用于制造。

特种设备产品、部件或者试制的特种设备新产品、新部件以及特种设备采用的新材料,按照安全技术规范的要求需要通过型式试验进行安全性验证的,应当经负责特种设备安全监督管理的部门核准的检验机构进行型式试验。

第二十一条 【附随资料、文件,设置铭牌、标志、说明】特种设备出厂时,应当随附安全技术规范要求的设计文件、产品质量合格证明、安装及使用维护保养说明、监督检验证明等相关技术资料和文件,并在特种设备显著位置设置产品铭牌、安全警示标志及其说明。

第二十二条 【电梯的安装、改造、修理】电梯的安装、改造、修理,必须由电梯制造单位或者其委托的依照本法取得相应许可的单位进行。电梯制造单位委托其他单位进行电梯安装、改造、修理的,应当对其安装、改造、修理进行安全指导和监控,并按照安全技术规范的要求进行校验和调试。电梯制造单位对电梯安全性能负责。

第二十三条 【事前书面告知义务】特种设备安装、改造、修理的施工单位应当在施工前将拟进行的特种设备安装、改造、修理情况书面告知直辖市或者设区的市级人民政府负责特种设备安全监督管理的部门。

第二十四条 【验收后资料文件移交义务】特种设备安装、改造、修理竣工后,安装、改造、修理的施工单位应当在验收后三十日内将相关技术资料和文件移交特种设备使用单位。特种设备使用单位应当将其存入该特种设备的安全技术档案。

第二十五条 【对特殊设备的监督检验】锅炉、压力容器、压力管道元件等特种设备的制造过程和锅炉、压力容器、压力管道、电梯、起重机械、客运索道、大型游乐设施的安装、改造、重大修理过程，应当经特种设备检验机构按照安全技术规范的要求进行监督检验；未经监督检验或者监督检验不合格的，不得出厂或者交付使用。

第二十六条 【缺陷特种设备召回制度】国家建立缺陷特种设备召回制度。因生产原因造成特种设备存在危及安全的同一性缺陷的，特种设备生产单位应当立即停止生产，主动召回。

国务院负责特种设备安全监督管理的部门发现特种设备存在应当召回而未召回的情形时，应当责令特种设备生产单位召回。

第三节 经 营

第二十七条 【建立检查验收和销售记录制度】特种设备销售单位销售的特种设备，应当符合安全技术规范及相关标准的要求，其设计文件、产品质量合格证明、安装及使用维护保养说明、监督检验证明等相关技术资料和文件应当齐全。

特种设备销售单位应当建立特种设备检查验收和销售记录制度。

禁止销售未取得许可生产的特种设备，未经检验和检验不合格的特种设备，或者国家明令淘汰和已经报废的特种设备。

第二十八条 【禁止出租、维护保养的情形】特种设备出租单位不得出租未取得许可生产的特种设备或者国家明令淘汰和已经报废的特种设备，以及未按照安全技术规范的要求进行维护保养和未经检验或者检验不合格的特种设备。

第二十九条 【出租期间的使用管理和维护保养义务】特种设备在出租期间的使用管理和维护保养义务由特种设备出租单位承担，法律另有规定或者当事人另有约定的除外。

第三十条 【对进口特种设备的要求】进口的特种设备应当符合我国安全技术规范的要求，并经检验合格；需要取得我国特种设备生产许可的，应当取得许可。

进口特种设备随附的技术资料和文件应当符合本法第二十一条的规定，

其安装及使用维护保养说明、产品铭牌、安全警示标志及其说明应当采用中文。

特种设备的进出口检验,应当遵守有关进出口商品检验的法律、行政法规。

第三十一条 【进口特种设备的提前告知义务】进口特种设备,应当向进口地负责特种设备安全监督管理的部门履行提前告知义务。

第四节 使 用

第三十二条 【使用与禁止使用的要求】特种设备使用单位应当使用取得许可生产并经检验合格的特种设备。

禁止使用国家明令淘汰和已经报废的特种设备。

第三十三条 【使用登记】特种设备使用单位应当在特种设备投入使用前或者投入使用后三十日内,向负责特种设备安全监督管理的部门办理使用登记,取得使用登记证书。登记标志应当置于该特种设备的显著位置。

第三十四条 【建立安全管理制度】特种设备使用单位应当建立岗位责任、隐患治理、应急救援等安全管理制度,制定操作规程,保证特种设备安全运行。

第三十五条 【安全技术档案】特种设备使用单位应当建立特种设备安全技术档案。安全技术档案应当包括以下内容:

(一)特种设备的设计文件、产品质量合格证明、安装及使用维护保养说明、监督检验证明等相关技术资料和文件;

(二)特种设备的定期检验和定期自行检查记录;

(三)特种设备的日常使用状况记录;

(四)特种设备及其附属仪器仪表的维护保养记录;

(五)特种设备的运行故障和事故记录。

第三十六条 【对特种设备的使用安全负责】电梯、客运索道、大型游乐设施等为公众提供服务的特种设备的运营使用单位,应当对特种设备的使用安全负责,设置特种设备安全管理机构或者配备专职的特种设备安全管理人员;其他特种设备使用单位,应当根据情况设置特种设备安全管理机构或者配备专职、兼职的特种设备安全管理人员。

第三十七条 【安全距离、安全防护措施】特种设备的使用应当具有规定的安全距离、安全防护措施。

与特种设备安全相关的建筑物、附属设施，应当符合有关法律、行政法规的规定。

第三十八条 【共有特种设备的管理】特种设备属于共有的，共有人可以委托物业服务单位或者其他管理人管理特种设备，受托人履行本法规定的特种设备使用单位的义务，承担相应责任。共有人未委托的，由共有人或者实际管理人履行管理义务，承担相应责任。

第三十九条 【维护保养和定期自行检查】特种设备使用单位应当对其使用的特种设备进行经常性维护保养和定期自行检查，并作出记录。

特种设备使用单位应当对其使用的特种设备的安全附件、安全保护装置进行定期校验、检修，并作出记录。

第四十条 【定期检验】特种设备使用单位应当按照安全技术规范的要求，在检验合格有效期届满前一个月向特种设备检验机构提出定期检验要求。

特种设备检验机构接到定期检验要求后，应当按照安全技术规范的要求及时进行安全性能检验。特种设备使用单位应当将定期检验标志置于该特种设备的显著位置。

未经定期检验或者检验不合格的特种设备，不得继续使用。

第四十一条 【经常性检查、及时报告义务】特种设备安全管理人员应当对特种设备使用状况进行经常性检查，发现问题应当立即处理；情况紧急时，可以决定停止使用特种设备并及时报告本单位有关负责人。

特种设备作业人员在作业过程中发现事故隐患或者其他不安全因素，应当立即向特种设备安全管理人员和单位有关负责人报告；特种设备运行不正常时，特种设备作业人员应当按照操作规程采取有效措施保证安全。

第四十二条 【全面检查】特种设备出现故障或者发生异常情况，特种设备使用单位应当对其进行全面检查，消除事故隐患，方可继续使用。

第四十三条 【电梯、客运索道、大型游乐设施的安全要求】客运索道、大型游乐设施在每日投入使用前，其运营使用单位应当进行试运行和例行安全检查，并对安全附件和安全保护装置进行检查确认。

电梯、客运索道、大型游乐设施的运营使用单位应当将电梯、客运索道、大型游乐设施的安全使用说明、安全注意事项和警示标志置于易于为乘客注意的显著位置。

公众乘坐或者操作电梯、客运索道、大型游乐设施，应当遵守安全使用说明和安全注意事项的要求，服从有关工作人员的管理和指挥；遇有运行不正常时，应当按照安全指引，有序撤离。

第四十四条 【锅炉的安全要求】锅炉使用单位应当按照安全技术规范的要求进行锅炉水(介)质处理，并接受特种设备检验机构的定期检验。

从事锅炉清洗，应当按照安全技术规范的要求进行，并接受特种设备检验机构的监督检验。

第四十五条 【电梯的维护保养】电梯的维护保养应当由电梯制造单位或者依照本法取得许可的安装、改造、修理单位进行。

电梯的维护保养单位应当在维护保养中严格执行安全技术规范的要求，保证其维护保养的电梯的安全性能，并负责落实现场安全防护措施，保证施工安全。

电梯的维护保养单位应当对其维护保养的电梯的安全性能负责；接到故障通知后，应当立即赶赴现场，并采取必要的应急救援措施。

第四十六条 【电梯制造单位的义务】电梯投入使用后，电梯制造单位应当对其制造的电梯的安全运行情况进行跟踪调查和了解，对电梯的维护保养单位或者使用单位在维护保养和安全运行方面存在的问题，提出改进建议，并提供必要的技术帮助；发现电梯存在严重事故隐患时，应当及时告知电梯使用单位，并向负责特种设备安全监督管理的部门报告。电梯制造单位对调查和了解的情况，应当作出记录。

第四十七条 【变更登记】特种设备进行改造、修理，按照规定需要变更使用登记的，应当办理变更登记，方可继续使用。

第四十八条 【特种设备的报废】特种设备存在严重事故隐患，无改造、修理价值，或者达到安全技术规范规定的其他报废条件的，特种设备使用单位应当依法履行报废义务，采取必要措施消除该特种设备的使用功能，并向原登记的负责特种设备安全监督管理的部门办理使用登记证书注销手续。

前款规定报废条件以外的特种设备，达到设计使用年限可以继续使用的，应当按照安全技术规范的要求通过检验或者安全评估，并办理使用登记证书变更，方可继续使用。允许继续使用的，应当采取加强检验、检测和维护保养等措施，确保使用安全。

第四十九条　【充装活动的安全要求】移动式压力容器、气瓶充装单位，应当具备下列条件，并经负责特种设备安全监督管理的部门许可，方可从事充装活动：

（一）有与充装和管理相适应的管理人员和技术人员；

（二）有与充装和管理相适应的充装设备、检测手段、场地厂房、器具、安全设施；

（三）有健全的充装管理制度、责任制度、处理措施。

充装单位应当建立充装前后的检查、记录制度，禁止对不符合安全技术规范要求的移动式压力容器和气瓶进行充装。

气瓶充装单位应当向气体使用者提供符合安全技术规范要求的气瓶，对气体使用者进行气瓶安全使用指导，并按照安全技术规范的要求办理气瓶使用登记，及时申报定期检验。

第三章　检验、检测

第五十条　【检验、检测机构的资质】从事本法规定的监督检验、定期检验的特种设备检验机构，以及为特种设备生产、经营、使用提供检测服务的特种设备检测机构，应当具备下列条件，并经负责特种设备安全监督管理的部门核准，方可从事检验、检测工作：

（一）有与检验、检测工作相适应的检验、检测人员；

（二）有与检验、检测工作相适应的检验、检测仪器和设备；

（三）有健全的检验、检测管理制度和责任制度。

第五十一条　【检验、检测人员的资格与执业】特种设备检验、检测机构的检验、检测人员应当经考核，取得检验、检测人员资格，方可从事检验、检测工作。

特种设备检验、检测机构的检验、检测人员不得同时在两个以上检验、检测机构中执业；变更执业机构的，应当依法办理变更手续。

第五十二条　【遵纪守法】特种设备检验、检测工作应当遵守法律、行政法规的规定，并按照安全技术规范的要求进行。

特种设备检验、检测机构及其检验、检测人员应当依法为特种设备生产、经营、使用单位提供安全、可靠、便捷、诚信的检验、检测服务。

第五十三条　【检验、检测结果与鉴定结论】特种设备检验、检测机构及其检验、检测人员应当客观、公正、及时地出具检验、检测报告,并对检验、检测结果和鉴定结论负责。

特种设备检验、检测机构及其检验、检测人员在检验、检测中发现特种设备存在严重事故隐患时,应当及时告知相关单位,并立即向负责特种设备安全监督管理的部门报告。

负责特种设备安全监督管理的部门应当组织对特种设备检验、检测机构的检验、检测结果和鉴定结论进行监督抽查,但应当防止重复抽查。监督抽查结果应当向社会公布。

第五十四条 【生产、经营、使用单位提供资料义务】特种设备生产、经营、使用单位应当按照安全技术规范的要求向特种设备检验、检测机构及其检验、检测人员提供特种设备相关资料和必要的检验、检测条件,并对资料的真实性负责。

第五十五条 【检验、检测机构与人员的保密义务】特种设备检验、检测机构及其检验、检测人员对检验、检测过程中知悉的商业秘密,负有保密义务。

特种设备检验、检测机构及其检验、检测人员不得从事有关特种设备的生产、经营活动,不得推荐或者监制、监销特种设备。

第五十六条 【投诉】特种设备检验机构及其检验人员利用检验工作故意刁难特种设备生产、经营、使用单位的,特种设备生产、经营、使用单位有权向负责特种设备安全监督管理的部门投诉,接到投诉的部门应当及时进行调查处理。

第四章 监 督 管 理

第五十七条 【负责监督检查的行政单位;重点安全监督检查】负责特种设备安全监督管理的部门依照本法规定,对特种设备生产、经营、使用单位和检验、检测机构实施监督检查。

负责特种设备安全监督管理的部门应当对学校、幼儿园以及医院、车站、客运码头、商场、体育场馆、展览馆、公园等公众聚集场所的特种设备,实施重点安全监督检查。

第五十八条 【许可审查】负责特种设备安全监督管理的部门实施本法规定的许可工作,应当依照本法和其他有关法律、行政法规规定的条件和程序以及安全技术规范的要求进行审查;不符合规定的,不得许可。

第五十九条　【程序公开与受理期限】负责特种设备安全监督管理的部门在办理本法规定的许可时,其受理、审查、许可的程序必须公开,并应当自受理申请之日起三十日内,作出许可或者不予许可的决定;不予许可的,应当书面向申请人说明理由。

第六十条　【监督管理档案和信息查询系统;督促报废】负责特种设备安全监督管理的部门对依法办理使用登记的特种设备应当建立完整的监督管理档案和信息查询系统;对达到报废条件的特种设备,应当及时督促特种设备使用单位依法履行报废义务。

第六十一条　【履行监督检查职责的职权】负责特种设备安全监督管理的部门在依法履行监督检查职责时,可以行使下列职权:

(一)进入现场进行检查,向特种设备生产、经营、使用单位和检验、检测机构的主要负责人和其他有关人员调查、了解有关情况;

(二)根据举报或者取得的涉嫌违法证据,查阅、复制特种设备生产、经营、使用单位和检验、检测机构的有关合同、发票、账簿以及其他有关资料;

(三)对有证据表明不符合安全技术规范要求或者存在严重事故隐患的特种设备实施查封、扣押;

(四)对流入市场的达到报废条件或者已经报废的特种设备实施查封、扣押;

(五)对违反本法规定的行为作出行政处罚决定。

第六十二条　【书面指令】负责特种设备安全监督管理的部门在依法履行职责过程中,发现违反本法规定和安全技术规范要求的行为或者特种设备存在事故隐患时,应当以书面形式发出特种设备安全监察指令,责令有关单位及时采取措施予以改正或者消除事故隐患。紧急情况下要求有关单位采取紧急处置措施的,应当随后补发特种设备安全监察指令。

第六十三条　【对重大违法行为和严重事故隐患的处理】负责特种设备安全监督管理的部门在依法履行职责过程中,发现重大违法行为或者特种设备存在严重事故隐患时,应当责令有关单位立即停止违法行为、采取措施消除事故隐患,并及时向上级负责特种设备安全监督管理的部门报告。接到报告的负责特种设备安全监督管理的部门应当采取必要措施,及时予以处理。

对违法行为、严重事故隐患的处理需要当地人民政府和有关部门的支持、配合时，负责特种设备安全监督管理的部门应当报告当地人民政府，并通知其他有关部门。当地人民政府和其他有关部门应当采取必要措施，及时予以处理。

第六十四条 【不得要求重复许可、重复检验】地方各级人民政府负责特种设备安全监督管理的部门不得要求已经依照本法规定在其他地方取得许可的特种设备生产单位重复取得许可，不得要求对已经依照本法规定在其他地方检验合格的特种设备重复进行检验。

第六十五条 【对安全监察人员的要求】负责特种设备安全监督管理的部门的安全监察人员应当熟悉相关法律、法规，具有相应的专业知识和工作经验，取得特种设备安全行政执法证件。

特种设备安全监察人员应当忠于职守、坚持原则、秉公执法。

负责特种设备安全监督管理的部门实施安全监督检查时，应当有二名以上特种设备安全监察人员参加，并出示有效的特种设备安全行政执法证件。

第六十六条 【记录】负责特种设备安全监督管理的部门对特种设备生产、经营、使用单位和检验、检测机构实施监督检查，应当对每次监督检查的内容、发现的问题及处理情况作出记录，并由参加监督检查的特种设备安全监察人员和被检查单位的有关负责人签字后归档。被检查单位的有关负责人拒绝签字的，特种设备安全监察人员应当将情况记录在案。

第六十七条 【禁止推荐、监制、监销；保密义务】负责特种设备安全监督管理的部门及其工作人员不得推荐或者监制、监销特种设备；对履行职责过程中知悉的商业秘密负有保密义务。

第六十八条 【定期公布总体状况】国务院负责特种设备安全监督管理的部门和省、自治区、直辖市人民政府负责特种设备安全监督管理的部门应当定期向社会公布特种设备安全总体状况。

第五章　事故应急救援与调查处理

第六十九条 【应急预案】国务院负责特种设备安全监督管理的部门应当依法组织制定特种设备重特大事故应急预案，报国务院批准后纳入国家突发事件应急预案体系。

县级以上地方各级人民政府及其负责特种设备安全监督管理的部门应当依法组织制定本行政区域内特种设备事故应急预案，建立或者纳入相应的应急处置与救援体系。

特种设备使用单位应当制定特种设备事故应急专项预案，并定期进行应急演练。

第七十条 【特种设备发生事故后的处理】特种设备发生事故后，事故发生单位应当按照应急预案采取措施，组织抢救，防止事故扩大，减少人员伤亡和财产损失，保护事故现场和有关证据，并及时向事故发生地县级以上人民政府负责特种设备安全监督管理的部门和有关部门报告。

县级以上人民政府负责特种设备安全监督管理的部门接到事故报告，应当尽快核实情况，立即向本级人民政府报告，并按照规定逐级上报。必要时，负责特种设备安全监督管理的部门可以越级上报事故情况。对特别重大事故、重大事故，国务院负责特种设备安全监督管理的部门应当立即报告国务院并通报国务院安全生产监督管理部门等有关部门。

与事故相关的单位和人员不得迟报、谎报或者瞒报事故情况，不得隐匿、毁灭有关证据或者故意破坏事故现场。

第七十一条 【事故发生后人民政府的职责】事故发生地人民政府接到事故报告，应当依法启动应急预案，采取应急处置措施，组织应急救援。

第七十二条 【事故调查】特种设备发生特别重大事故，由国务院或者国务院授权有关部门组织事故调查组进行调查。

发生重大事故，由国务院负责特种设备安全监督管理的部门会同有关部门组织事故调查组进行调查。

发生较大事故，由省、自治区、直辖市人民政府负责特种设备安全监督管理的部门会同有关部门组织事故调查组进行调查。

发生一般事故，由设区的市级人民政府负责特种设备安全监督管理的部门会同有关部门组织事故调查组进行调查。

事故调查组应当依法、独立、公正开展调查，提出事故调查报告。

第七十三条 【事故报告与责任承担】组织事故调查的部门应当将事故调查报告报本级人民政府，并报上一级人民政府负责特种设备安全监督管理的部门备案。有关部门和单位应当依照法律、行政法规的规定，追究事故责任单位和人员的责任。

事故责任单位应当依法落实整改措施，预防同类事故发生。事故造成损害的，事故责任单位应当依法承担赔偿责任。

第六章 法律责任

第七十四条 【未经许可从事特种设备生产活动的处罚】违反本法规定,未经许可从事特种设备生产活动的,责令停止生产,没收违法制造的特种设备,处十万元以上五十万元以下罚款;有违法所得的,没收违法所得;已经实施安装、改造、修理的,责令恢复原状或者责令限期由取得许可的单位重新安装、改造、修理。

第七十五条 【特种设备设计文件未经鉴定擅自用于制造的处罚】违反本法规定,特种设备的设计文件未经鉴定,擅自用于制造的,责令改正,没收违法制造的特种设备,处五万元以上五十万元以下罚款。

第七十六条 【未进行型式试验的处罚】违反本法规定,未进行型式试验的,责令限期改正;逾期未改正的,处三万元以上三十万元以下罚款。

第七十七条 【未按要求随附技术资料和文件的处罚】违反本法规定,特种设备出厂时,未按照安全技术规范的要求随附相关技术资料和文件的,责令限期改正;逾期未改正的,责令停止制造、销售,处二万元以上二十万元以下罚款;有违法所得的,没收违法所得。

第七十八条 【施工单位违规施工或逾期移交资料文件的处罚】违反本法规定,特种设备安装、改造、修理的施工单位在施工前未书面告知负责特种设备安全监督管理的部门即行施工的,或者在验收后三十日内未将相关技术资料和文件移交特种设备使用单位的,责令限期改正;逾期未改正的,处一万元以上十万元以下罚款。

第七十九条 【未经监督检验的处罚】违反本法规定,特种设备的制造、安装、改造、重大修理以及锅炉清洗过程,未经监督检验的,责令限期改正;逾期未改正的,处五万元以上二十万元以下罚款;有违法所得的,没收违法所得;情节严重的,吊销生产许可证。

第八十条 【电梯制造单位的法律责任】违反本法规定,电梯制造单位有下列情形之一的,责令限期改正;逾期未改正的,处一万元以上十万元以下罚款:

(一)未按照安全技术规范的要求对电梯进行校验、调试的;

(二)对电梯的安全运行情况进行跟踪调查和了解时,发现存在严重事故隐患,未及时告知电梯使用单位并向负责特种设备安全监督管理的部门报告的。

第八十一条 【特种设备生产单位的法律责任】违反本法规定，特种设备生产单位有下列行为之一的，责令限期改正；逾期未改正的，责令停止生产，处五万元以上五十万元以下罚款；情节严重的，吊销生产许可证：

（一）不再具备生产条件、生产许可证已经过期或者超出许可范围生产的；

（二）明知特种设备存在同一性缺陷，未立即停止生产并召回的。

违反本法规定，特种设备生产单位生产、销售、交付国家明令淘汰的特种设备的，责令停止生产、销售，没收违法生产、销售、交付的特种设备，处三万元以上三十万元以下罚款；有违法所得的，没收违法所得。

特种设备生产单位涂改、倒卖、出租、出借生产许可证的，责令停止生产，处五万元以上五十万元以下罚款；情节严重的，吊销生产许可证。

第八十二条 【特种设备经营单位的法律责任】违反本法规定，特种设备经营单位有下列行为之一的，责令停止经营，没收违法经营的特种设备，处三万元以上三十万元以下罚款；有违法所得的，没收违法所得：

（一）销售、出租未取得许可生产，未经检验或者检验不合格的特种设备的；

（二）销售、出租国家明令淘汰、已经报废的特种设备，或者未按照安全技术规范的要求进行维护保养的特种设备的。

违反本法规定，特种设备销售单位未建立检查验收和销售记录制度，或者进口特种设备未履行提前告知义务的，责令改正，处一万元以上十万元以下罚款。

特种设备生产单位销售、交付未经检验或者检验不合格的特种设备的，依照本条第一款规定处罚；情节严重的，吊销生产许可证。

第八十三条 【特种设备使用单位的法律责任（一）】违反本法规定，特种设备使用单位有下列行为之一的，责令限期改正；逾期未改正的，责令停止使用有关特种设备，处一万元以上十万元以下罚款：

（一）使用特种设备未按照规定办理使用登记的；

（二）未建立特种设备安全技术档案或者安全技术档案不符合规定要求，或者未依法设置使用登记标志、定期检验标志的；

（三）未对其使用的特种设备进行经常性维护保养和定期自行检查，或者未对其使用的特种设备的安全附件、安全保护装置进行定期校验、检修，并作出记录的；

（四）未按照安全技术规范的要求及时申报并接受检验的；

（五）未按照安全技术规范的要求进行锅炉水（介）质处理的；

（六）未制定特种设备事故应急专项预案的。

第八十四条　【特种设备使用单位的法律责任（二）】违反本法规定，特种设备使用单位有下列行为之一的，责令停止使用有关特种设备，处三万元以上三十万元以下罚款：

（一）使用未取得许可生产，未经检验或者检验不合格的特种设备，或者国家明令淘汰、已经报废的特种设备的；

（二）特种设备出现故障或者发生异常情况，未对其进行全面检查、消除事故隐患，继续使用的；

（三）特种设备存在严重事故隐患，无改造、修理价值，或者达到安全技术规范规定的其他报废条件，未依法履行报废义务，并办理使用登记证书注销手续的。

第八十五条　【充装单位的法律责任】违反本法规定，移动式压力容器、气瓶充装单位有下列行为之一的，责令改正，处二万元以上二十万元以下罚款；情节严重的，吊销充装许可证：

（一）未按照规定实施充装前后的检查、记录制度的；

（二）对不符合安全技术规范要求的移动式压力容器和气瓶进行充装的。

违反本法规定，未经许可，擅自从事移动式压力容器或者气瓶充装活动的，予以取缔，没收违法充装的气瓶，处十万元以上五十万元以下罚款；有违法所得的，没收违法所得。

第八十六条　【特种设备生产、经营、使用的法律责任】违反本法规定，特种设备生产、经营、使用单位有下列情形之一的，责令限期改正；逾期未改正的，责令停止使用有关特种设备或者停产停业整顿，处一万元以上五万元以下罚款：

（一）未配备具有相应资格的特种设备安全管理人员、检测人员和作业人员的；

（二）使用未取得相应资格的人员从事特种设备安全管理、检测和作

业的;

(三)未对特种设备安全管理人员、检测人员和作业人员进行安全教育和技能培训的。

第八十七条 【电梯、客运索道、大型游乐设施运营使用单位的法律责任】违反本法规定,电梯、客运索道、大型游乐设施的运营使用单位有下列情形之一的,责令限期改正;逾期未改正的,责令停止使用有关特种设备或者停产停业整顿,处二万元以上十万元以下罚款:

(一)未设置特种设备安全管理机构或者配备专职的特种设备安全管理人员的;

(二)客运索道、大型游乐设施每日投入使用前,未进行试运行和例行安全检查,未对安全附件和安全保护装置进行检查确认的;

(三)未将电梯、客运索道、大型游乐设施的安全使用说明、安全注意事项和警示标志置于易于为乘客注意的显著位置的。

第八十八条 【未经许可擅自从事电梯维护保养的处罚】违反本法规定,未经许可,擅自从事电梯维护保养的,责令停止违法行为,处一万元以上十万元以下罚款;有违法所得的,没收违法所得。

电梯的维护保养单位未按照本法规定以及安全技术规范的要求,进行电梯维护保养的,依照前款规定处罚。

第八十九条 【发生特种设备事故时的责任承担】发生特种设备事故,有下列情形之一的,对单位处五万元以上二十万元以下罚款;对主要负责人处一万元以上五万元以下罚款;主要负责人属于国家工作人员的,并依法给予处分:

(一)发生特种设备事故时,不立即组织抢救或者在事故调查处理期间擅离职守或者逃匿的;

(二)对特种设备事故迟报、谎报或者瞒报的。

第九十条 【发生特种设备事故时的罚款】发生事故,对负有责任的单位除要求其依法承担相应的赔偿等责任外,依照下列规定处以罚款:

(一)发生一般事故,处十万元以上二十万元以下罚款;

(二)发生较大事故,处二十万元以上五十万元以下罚款;

(三)发生重大事故,处五十万元以上二百万元以下罚款。

第九十一条 【事故主要负责人未履行职责或负有领导责任的处罚】对

事故发生负有责任的单位的主要负责人未依法履行职责或者负有领导责任的,依照下列规定处以罚款;属于国家工作人员的,并依法给予处分:

(一)发生一般事故,处上一年年收入百分之三十的罚款;

(二)发生较大事故,处上一年年收入百分之四十的罚款;

(三)发生重大事故,处上一年年收入百分之六十的罚款。

第九十二条 【吊销资格的情形】违反本法规定,特种设备安全管理人员、检测人员和作业人员不履行岗位职责,违反操作规程和有关安全规章制度,造成事故的,吊销相关人员的资格。

第九十三条 【检验、检测机构及其人员的法律责任】违反本法规定,特种设备检验、检测机构及其检验、检测人员有下列行为之一的,责令改正,对机构处五万元以上二十万元以下罚款,对直接负责的主管人员和其他直接责任人员处五千元以上五万元以下罚款;情节严重的,吊销机构资质和有关人员的资格:

(一)未经核准或者超出核准范围、使用未取得相应资格的人员从事检验、检测的;

(二)未按照安全技术规范的要求进行检验、检测的;

(三)出具虚假的检验、检测结果和鉴定结论或者检验、检测结果和鉴定结论严重失实的;

(四)发现特种设备存在严重事故隐患,未及时告知相关单位,并立即向负责特种设备安全监督管理的部门报告的;

(五)泄露检验、检测过程中知悉的商业秘密的;

(六)从事有关特种设备的生产、经营活动的;

(七)推荐或者监制、监销特种设备的;

(八)利用检验工作故意刁难相关单位的。

违反本法规定,特种设备检验、检测机构的检验、检测人员同时在两个以上检验、检测机构中执业的,处五千元以上五万元以下罚款;情节严重的,吊销其资格。

第九十四条 【监督管理部门的法律责任】违反本法规定,负责特种设备安全监督管理的部门及其工作人员有下列行为之一的,由上级机关责令改正;对直接负责的主管人员和其他直接责任人员,依法给予处分:

(一)未依照法律、行政法规规定的条件、程序实施许可的;

（二）发现未经许可擅自从事特种设备的生产、使用或者检验、检测活动不予取缔或者不依法予以处理的；

（三）发现特种设备生产单位不再具备本法规定的条件而不吊销其许可证，或者发现特种设备生产、经营、使用违法行为不予查处的；

（四）发现特种设备检验、检测机构不再具备本法规定的条件而不撤销其核准，或者对其出具虚假的检验、检测结果和鉴定结论或者检验、检测结果和鉴定结论严重失实的行为不予查处的；

（五）发现违反本法规定和安全技术规范要求的行为或者特种设备存在事故隐患，不立即处理的；

（六）发现重大违法行为或者特种设备存在严重事故隐患，未及时向上级负责特种设备安全监督管理的部门报告，或者接到报告的负责特种设备安全监督管理的部门不立即处理的；

（七）要求已经依照本法规定在其他地方取得许可的特种设备生产单位重复取得许可，或者要求对已经依照本法规定在其他地方检验合格的特种设备重复进行检验的；

（八）推荐或者监制、监销特种设备的；

（九）泄露履行职责过程中知悉的商业秘密的；

（十）接到特种设备事故报告未立即向本级人民政府报告，并按照规定上报的；

（十一）迟报、漏报、谎报或者瞒报事故的；

（十二）妨碍事故救援或者事故调查处理的；

（十三）其他滥用职权、玩忽职守、徇私舞弊的行为。

第九十五条　【拒不接受监督检查，擅自动用、调换、转移、损毁被查封、扣押设备的法律责任】违反本法规定，特种设备生产、经营、使用单位或者检验、检测机构拒不接受负责特种设备安全监督管理的部门依法实施的监督检查的，责令限期改正；逾期未改正的，责令停产停业整顿，处二万元以上二十万元以下罚款。

特种设备生产、经营、使用单位擅自动用、调换、转移、损毁被查封、扣押的特种设备或者其主要部件的，责令改正，处五万元以上二十万元以下罚款；情节严重的，吊销生产许可证，注销特种设备使用登记证书。

第九十六条　【吊销许可证后的限制】违反本法规定，被依法吊销许可证的,自吊销许可证之日起三年内,负责特种设备安全监督管理的部门不予受理其新的许可申请。

第九十七条　【民事责任】违反本法规定,造成人身、财产损害的,依法承担民事责任。

违反本法规定,应当承担民事赔偿责任和缴纳罚款、罚金,其财产不足以同时支付时,先承担民事赔偿责任。

第九十八条　【治安管理处罚与刑事责任】违反本法规定,构成违反治安管理行为的,依法给予治安管理处罚;构成犯罪的,依法追究刑事责任。

第七章　附　　则

第九十九条　【适用相应法律法规】特种设备行政许可、检验的收费,依照法律、行政法规的规定执行。

第一百条　【适用例外】军事装备、核设施、航空航天器使用的特种设备安全的监督管理不适用本法。

铁路机车、海上设施和船舶、矿山井下使用的特种设备以及民用机场专用设备安全的监督管理,房屋建筑工地、市政工程工地用起重机械和场(厂)内专用机动车辆的安装、使用的监督管理,由有关部门依照本法和其他有关法律的规定实施。

第一百零一条　【生效日期】本法自 2014 年 1 月 1 日起施行。

中华人民共和国矿山安全法

(1992年11月7日第七届全国人民代表大会常务委员会第二十八次会议通过 根据2009年8月27日第十一届全国人民代表大会常务委员会第十次会议《关于修改部分法律的决定》修正)

目 录

第一章 总 则

第一条 【立法目的】为了保障矿山生产安全,防止矿山事故,保护矿山职工人身安全,促进采矿业的发展,制定本法。

第二条 【适用范围】在中华人民共和国领域和中华人民共和国管辖的其他海域从事矿产资源开采活动,必须遵守本法。

第三条 【矿企安全管理职责】矿山企业必须具有保障安全生产的设施,建立、健全安全管理制度,采取有效措施改善职工劳动条件,加强矿山安全管理工作,保证安全生产。

第四条 【监督管理部门】国务院劳动行政主管部门对全国矿山安全工

作实施统一监督。

县级以上地方各级人民政府劳动行政主管部门对本行政区域内的矿山安全工作实施统一监督。

县级以上人民政府管理矿山企业的主管部门对矿山安全工作进行管理。

第五条 【国家鼓励】国家鼓励矿山安全科学技术研究，推广先进技术，改造安全设施，提高矿山安全生产水平。

第六条 【奖励】对坚持矿山安全生产，防止矿山事故，参加矿山抢险救护，进行矿山安全科学技术研究等方面取得显著成绩的单位和个人，给予奖励。

第二章 矿山建设的安全保障

第七条 【安全设施主体工程的同时设计、施工与投产】矿山建设工程的安全设施必须和主体工程同时设计、同时施工、同时投入生产和使用。

第八条 【设计要求】矿山建设工程的设计文件，必须符合矿山安全规程和行业技术规范，并按照国家规定经管理矿山企业的主管部门批准；不符合矿山安全规程和行业技术规范的，不得批准。

矿山建设工程安全设施的设计必须有劳动行政主管部门参加审查。

矿山安全规程和行业技术规范，由国务院管理矿山企业的主管部门制定。

第九条 【矿山设计须符合安全规程事项】矿山设计下列项目必须符合矿山安全规程和行业技术规范：

（一）矿井的通风系统和供风量、风质、风速；

（二）露天矿的边坡角和台阶的宽度、高度；

（三）供电系统；

（四）提升、运输系统；

（五）防水、排水系统和防火、灭火系统；

（六）防瓦斯系统和防尘系统；

（七）有关矿山安全的其他项目。

第十条 【安全出口】每个矿井必须有两个以上能行人的安全出口，出口之间的直线水平距离必须符合矿山安全规程和行业技术规范。

第十一条 【运输、通讯设施】矿山必须有与外界相通的、符合安全要求的运输和通讯设施。

第十二条 【工程批复和验收】矿山建设工程必须按照管理矿山企业的主管部门批准的设计文件施工。

矿山建设工程安全设施竣工后,由管理矿山企业的主管部门验收,并须有劳动行政主管部门参加;不符合矿山安全规程和行业技术规范的,不得验收,不得投入生产。

第三章 矿山开采的安全保障

第十三条 【安全生产条件保障】矿山开采必须具备保障安全生产的条件,执行开采不同矿种的矿山安全规程和行业技术规范。

第十四条 【矿柱、岩柱保护】矿山设计规定保留的矿柱、岩柱,在规定的期限内,应当予以保护,不得开采或者毁坏。

第十五条 【设施安全标准】矿山使用的有特殊安全要求的设备、器材、防护用品和安全检测仪器,必须符合国家安全标准或者行业安全标准;不符合国家安全标准或者行业安全标准的,不得使用。

第十六条 【设备检修】矿山企业必须对机电设备及其防护装置、安全检测仪器,定期检查、维修,保证使用安全。

第十七条 【毒害物质和空气检测】矿山企业必须对作业场所中的有毒有害物质和井下空气含氧量进行检测,保证符合安全要求。

第十八条 【事故隐患预防】矿山企业必须对下列危害安全的事故隐患采取预防措施:

(一)冒顶、片帮、边坡滑落和地表塌陷;

(二)瓦斯爆炸、煤尘爆炸;

(三)冲击地压、瓦斯突出、井喷;

(四)地面和井下的火灾、水害;

(五)爆破器材和爆破作业发生的危害;

(六)粉尘、有毒有害气体、放射性物质和其他有害物质引起的危害;

(七)其他危害。

第十九条 【机械、设备使用及闭坑危害预防】矿山企业对使用机械、电气设备,排土场、矸石山、尾矿库和矿山闭坑后可能引起的危害,应当采取预防措施。

第四章 矿山企业的安全管理

第二十条 【安全生产责任制】矿山企业必须建立、健全安全生产责任制。

矿长对本企业的安全生产工作负责。

第二十一条 【职工大会监督】矿长应当定期向职工代表大会或者职工大会报告安全生产工作，发挥职工代表大会的监督作用。

第二十二条 【矿工义务和权利】矿山企业职工必须遵守有关矿山安全的法律、法规和企业规章制度。

矿山企业职工有权对危害安全的行为，提出批评、检举和控告。

第二十三条 【工会职能】矿山企业工会依法维护职工生产安全的合法权益，组织职工对矿山安全工作进行监督。

第二十四条 【工会要求权】矿山企业违反有关安全的法律、法规，工会有权要求企业行政方面或者有关部门认真处理。

矿山企业召开讨论有关安全生产的会议，应当有工会代表参加，工会有权提出意见和建议。

第二十五条 【事故隐患和职业危害解决建议】矿山企业工会发现企业行政方面违章指挥、强令工人冒险作业或者生产过程中发现明显重大事故隐患和职业危害，有权提出解决的建议；发现危及职工生命安全的情况时，有权向矿山企业行政方面建议组织职工撤离危险现场，矿山企业行政方面必须及时作出处理决定。

第二十六条 【职工安全教育、培训】矿山企业必须对职工进行安全教育、培训；未经安全教育、培训的，不得上岗作业。

矿山企业安全生产的特种作业人员必须接受专门培训，经考核合格取得操作资格证书的，方可上岗作业。

第二十七条 【矿长资格考核】矿长必须经过考核，具备安全专业知识，具有领导安全生产和处理矿山事故的能力。

矿山企业安全工作人员必须具备必要的安全专业知识和矿山安全工作经验。

第二十八条 【防护用品发放】矿山企业必须向职工发放保障安全生产

所需的劳动防护用品。

第二十九条 【未成年人禁用和妇女特殊保护】矿山企业不得录用未成年人从事矿山井下劳动。

矿山企业对女职工按照国家规定实行特殊劳动保护,不得分配女职工从事矿山井下劳动。

第三十条 【事故防范措施】矿山企业必须制定矿山事故防范措施,并组织落实。

第三十一条 【救护和医疗急救】矿山企业应当建立由专职或者兼职人员组成的救护和医疗急救组织,配备必要的装备、器材和药物。

第三十二条 【专项费用】矿山企业必须从矿产品销售额中按照国家规定提取安全技术措施专项费用。安全技术措施专项费用必须全部用于改善矿山安全生产条件,不得挪作他用。

第五章 矿山安全的监督和管理

第三十三条 【劳动行政主管部门监督职责】县级以上各级人民政府劳动行政主管部门对矿山安全工作行使下列监督职责:

(一)检查矿山企业和管理矿山企业的主管部门贯彻执行矿山安全法律、法规的情况;

(二)参加矿山建设工程安全设施的设计审查和竣工验收;

(三)检查矿山劳动条件和安全状况;

(四)检查矿山企业职工安全教育、培训工作;

(五)监督矿山企业提取和使用安全技术措施专项费用的情况;

(六)参加并监督矿山事故的调查和处理;

(七)法律、行政法规规定的其他监督职责。

第三十四条 【矿企主管部门管理职责】县级以上人民政府管理矿山企业的主管部门对矿山安全工作行使下列管理职责:

(一)检查矿山企业贯彻执行矿山安全法律、法规的情况;

(二)审查批准矿山建设工程安全设施的设计;

(三)负责矿山建设工程安全设施的竣工验收;

(四)组织矿长和矿山企业安全工作人员的培训工作;

(五)调查和处理重大矿山事故;

（六）法律、行政法规规定的其他管理职责。

第三十五条 【安全监督人员职责】劳动行政主管部门的矿山安全监督人员有权进入矿山企业，在现场检查安全状况；发现有危及职工安全的紧急险情时，应当要求矿山企业立即处理。

第六章 矿山事故处理

第三十六条 【矿山事故处理措施】发生矿山事故，矿山企业必须立即组织抢救，防止事故扩大，减少人员伤亡和财产损失，对伤亡事故必须立即如实报告劳动行政主管部门和管理矿山企业的主管部门。

第三十七条 【事故处理部门】发生一般矿山事故，由矿山企业负责调查和处理。

发生重大矿山事故，由政府及其有关部门、工会和矿山企业按照行政法规的规定进行调查和处理。

第三十八条 【抚恤和赔偿】矿山企业对矿山事故中伤亡的职工按照国家规定给予抚恤或者补偿。

第三十九条 【事故善后处理】矿山事故发生后，应当尽快消除现场危险，查明事故原因，提出防范措施。现场危险消除后，方可恢复生产。

第七章 法律责任

第四十条 【违法应受处罚事项】违反本法规定，有下列行为之一的，由劳动行政主管部门责令改正，可以并处罚款；情节严重的，提请县级以上人民政府决定责令停产整顿；对主管人员和直接责任人员由其所在单位或者上级主管机关给予行政处分：

（一）未对职工进行安全教育、培训，分配职工上岗作业的；

（二）使用不符合国家安全标准或者行业安全标准的设备、器材、防护用品、安全检测仪器的；

（三）未按照规定提取或者使用安全技术措施专项费用的；

（四）拒绝矿山安全监督人员现场检查或者在被检查时隐瞒事故隐患，不如实反映情况的；

（五）未按照规定及时、如实报告矿山事故的。

第四十一条 【矿长及特种作业人员资格不合法的处罚】矿长不具备安

全专业知识的，安全生产的特种作业人员未取得操作资格证书上岗作业的，由劳动行政主管部门责令限期改正；逾期不改正的，提请县级以上人民政府决定责令停产，调整配备合格人员后，方可恢复生产。

第四十二条 【擅自施工处罚】矿山建设工程安全设施的设计未经批准擅自施工的，由管理矿山企业的主管部门责令停止施工；拒不执行的，由管理矿山企业的主管部门提请县级以上人民政府决定由有关主管部门吊销其采矿许可证和营业执照。

第四十三条 【不符验收规定的处罚】矿山建设工程的安全设施未经验收或者验收不合格擅自投入生产的，由劳动行政主管部门会同管理矿山企业的主管部门责令停止生产，并由劳动行政主管部门处以罚款；拒不停止生产的，由劳动行政主管部门提请县级以上人民政府决定由有关主管部门吊销其采矿许可证和营业执照。

第四十四条 【强行开采处理】已经投入生产的矿山企业，不具备安全生产条件而强行开采的，由劳动行政主管部门会同管理矿山企业的主管部门责令限期改进；逾期仍不具备安全生产条件的，由劳动行政主管部门提请县级以上人民政府决定责令停产整顿或者由有关主管部门吊销其采矿许可证和营业执照。

第四十五条 【复议和起诉】当事人对行政处罚决定不服的，可以在接到处罚决定通知之日起十五日内向作出处罚决定的机关的上一级机关申请复议；当事人也可以在接到处罚决定通知之日起十五日内直接向人民法院起诉。

复议机关应当在接到复议申请之日起六十日内作出复议决定。当事人对复议决定不服的，可以在接到复议决定之日起十五日内向人民法院起诉。复议机关逾期不作出复议决定的，当事人可以在复议期满之日起十五日内向人民法院起诉。

当事人逾期不申请复议也不向人民法院起诉、又不履行处罚决定的，作出处罚决定的机关可以申请人民法院强制执行。

第四十六条 【违章指挥处罚】矿山企业主管人员违章指挥、强令工人冒险作业，因而发生重大伤亡事故的，依照刑法有关规定追究刑事责任。

第四十七条 【主管人员怠职处罚】矿山企业主管人员对矿山事故隐患不采取措施，因而发生重大伤亡事故的，依照刑法有关规定追究刑事责任。

第四十八条　【渎职处罚】矿山安全监督人员和安全管理人员滥用职权、玩忽职守、徇私舞弊,构成犯罪的,依法追究刑事责任;不构成犯罪的,给予行政处分。

第八章　附　　则

第四十九条　【实施条例和实施办法的制定】国务院劳动行政主管部门根据本法制定实施条例,报国务院批准施行。

省、自治区、直辖市人民代表大会常务委员会可以根据本法和本地区的实际情况,制定实施办法。

第五十条　【生效日期】本法自1993年5月1日起施行。

煤矿安全生产条例

(2024年1月24日国务院令第774号公布
自2024年5月1日起施行)

第一章　总　　则

第一条　为了加强煤矿安全生产工作,防止和减少煤矿生产安全事故,保障人民群众生命财产安全,制定本条例。

第二条　在中华人民共和国领域和中华人民共和国管辖的其他海域内的煤矿安全生产,适用本条例。

第三条　煤矿安全生产工作坚持中国共产党的领导。

煤矿安全生产工作应当以人为本,坚持人民至上、生命至上,把保护人民生命安全摆在首位,贯彻安全发展理念,坚持安全第一、预防为主、综合治理的方针,从源头上防范化解重大安全风险。

煤矿安全生产工作实行管行业必须管安全、管业务必须管安全、管生产经营必须管安全，按照国家监察、地方监管、企业负责，强化和落实安全生产责任。

第四条 煤矿企业应当履行安全生产主体责任，加强安全生产管理，建立健全并落实全员安全生产责任制和安全生产规章制度，加大对安全生产资金、物资、技术、人员的投入保障力度，改善安全生产条件，加强安全生产标准化、信息化建设，构建安全风险分级管控和隐患排查治理双重预防机制，健全风险防范化解机制，提高安全生产水平，确保安全生产。

煤矿企业主要负责人（含实际控制人，下同）是本企业安全生产第一责任人，对本企业安全生产工作全面负责。其他负责人对职责范围内的安全生产工作负责。

第五条 县级以上人民政府应当加强对煤矿安全生产工作的领导，建立健全工作协调机制，支持、督促各有关部门依法履行煤矿安全生产工作职责，及时协调、解决煤矿安全生产工作中的重大问题。

第六条 县级以上人民政府负有煤矿安全生产监督管理职责的部门对煤矿安全生产实施监督管理，其他有关部门按照职责分工依法履行煤矿安全生产相关职责。

第七条 国家实行煤矿安全监察制度。国家矿山安全监察机构及其设在地方的矿山安全监察机构负责煤矿安全监察工作，依法对地方人民政府煤矿安全生产监督管理工作进行监督检查。

国家矿山安全监察机构及其设在地方的矿山安全监察机构依法履行煤矿安全监察职责，不受任何单位和个人的干涉。

第八条 国家实行煤矿生产安全事故责任追究制度。对煤矿生产安全事故责任单位和责任人员，依照本条例和有关法律法规的规定追究法律责任。

国家矿山安全监察机构及其设在地方的矿山安全监察机构依法组织或者参与煤矿生产安全事故调查处理。

第九条 县级以上人民政府负有煤矿安全生产监督管理职责的部门、国家矿山安全监察机构及其设在地方的矿山安全监察机构应当建立举报制度，公开举报电话、信箱或者电子邮件地址等网络举报平台，受理有关煤矿安全生产的举报并依法及时处理；对需要由其他有关部门进行调查处理的，转交其他有关部门处理。

任何单位和个人对事故隐患或者安全生产违法行为，有权向前款规定的部门和机构举报。举报事项经核查属实的，依法依规给予奖励。

第十条 煤矿企业从业人员有依法获得安全生产保障的权利，并应当依法履行安全生产方面的义务。

第十一条 国家矿山安全监察机构应当按照保障煤矿安全生产的要求，在国务院应急管理部门的指导下，依法及时拟订煤矿安全生产国家标准或者行业标准，并负责煤矿安全生产强制性国家标准的项目提出、组织起草、征求意见、技术审查。

第十二条 国家鼓励和支持煤矿安全生产科学技术研究和煤矿安全生产先进技术、工艺的推广应用，提升煤矿智能化开采水平，推进煤矿安全生产的科学管理，提高安全生产水平。

第二章 煤矿企业的安全生产责任

第十三条 煤矿企业应当遵守有关安全生产的法律法规以及煤矿安全规程，执行保障安全生产的国家标准或者行业标准。

第十四条 新建、改建、扩建煤矿工程项目（以下统称煤矿建设项目）的建设单位应当委托具有建设工程设计企业资质的设计单位进行安全设施设计。

安全设施设计应当包括煤矿水、火、瓦斯、冲击地压、煤尘、顶板等主要灾害的防治措施，符合国家标准或者行业标准的要求，并报省、自治区、直辖市人民政府负有煤矿安全生产监督管理职责的部门审查。安全设施设计需要作重大变更的，应当报原审查部门重新审查，不得先施工后报批、边施工边修改。

第十五条 煤矿建设项目的建设单位应当对参与煤矿建设项目的设计、施工、监理等单位进行统一协调管理，对煤矿建设项目安全管理负总责。

施工单位应当按照批准的安全设施设计施工，不得擅自变更设计内容。

第十六条 煤矿建设项目竣工投入生产或者使用前，应当由建设单位负责组织对安全设施进行验收，并对验收结果负责；经验收合格后，方可投入生产和使用。

第十七条 煤矿企业进行生产，应当依照《安全生产许可证条例》的规定取得安全生产许可证。未取得安全生产许可证的，不得生产。

第十八条　煤矿企业主要负责人对本企业安全生产工作负有下列职责：

（一）建立健全并落实全员安全生产责任制，加强安全生产标准化建设；

（二）组织制定并实施安全生产规章制度和作业规程、操作规程；

（三）组织制定并实施安全生产教育和培训计划；

（四）保证安全生产投入的有效实施；

（五）组织建立并落实安全风险分级管控和隐患排查治理双重预防工作机制，督促、检查安全生产工作，及时消除事故隐患；

（六）组织制定并实施生产安全事故应急救援预案；

（七）及时、如实报告煤矿生产安全事故。

第十九条　煤矿企业应当设置安全生产管理机构并配备专职安全生产管理人员。安全生产管理机构和安全生产管理人员负有下列安全生产职责：

（一）组织或者参与拟订安全生产规章制度、作业规程、操作规程和生产安全事故应急救援预案；

（二）组织或者参与安全生产教育和培训，如实记录安全生产教育和培训情况；

（三）组织开展安全生产法律法规宣传教育；

（四）组织开展安全风险辨识评估，督促落实重大安全风险管控措施；

（五）制止和纠正违章指挥、强令冒险作业、违反规程的行为，发现威胁安全的紧急情况时，有权要求立即停止危险区域内的作业，撤出作业人员；

（六）检查安全生产状况，及时排查事故隐患，对事故隐患排查治理情况进行统计分析，提出改进安全生产管理的建议；

（七）组织或者参与应急救援演练；

（八）督促落实安全生产整改措施。

煤矿企业应当配备主要技术负责人，建立健全并落实技术管理体系。

第二十条　煤矿企业从业人员负有下列安全生产职责：

（一）遵守煤矿企业安全生产规章制度和作业规程、操作规程，严格落实岗位安全责任；

（二）参加安全生产教育和培训，掌握本职工作所需的安全生产知识，提高安全生产技能，增强事故预防和应急处理能力；

（三）及时报告发现的事故隐患或者其他不安全因素。

对违章指挥和强令冒险作业的行为，煤矿企业从业人员有权拒绝并向县级以上地方人民政府负有煤矿安全生产监督管理职责的部门、所在地矿山安全监察机构报告。

煤矿企业不得因从业人员拒绝违章指挥或者强令冒险作业而降低其工资、福利等待遇，无正当理由调整工作岗位，或者解除与其订立的劳动合同。

第二十一条 煤矿企业主要负责人和安全生产管理人员应当通过安全生产知识和管理能力考核，并持续保持相应水平和能力。

煤矿企业从业人员经安全生产教育和培训合格，方可上岗作业。煤矿企业特种作业人员应当按照国家有关规定经专门的安全技术培训和考核合格，并取得相应资格。

第二十二条 煤矿企业应当为煤矿分别配备专职矿长、总工程师，分管安全、生产、机电的副矿长以及专业技术人员。

对煤（岩）与瓦斯（二氧化碳）突出、高瓦斯、冲击地压、煤层容易自燃、水文地质类型复杂和极复杂的煤矿，还应当设立相应的专门防治机构，配备专职副总工程师。

第二十三条 煤矿企业应当按照国家有关规定建立健全领导带班制度并严格考核。

井工煤矿企业的负责人和生产经营管理人员应当轮流带班下井，并建立下井登记档案。

第二十四条 煤矿企业应当为从业人员提供符合国家标准或者行业标准的劳动防护用品，并监督、教育从业人员按照使用规则佩戴、使用。

煤矿井下作业人员实行安全限员制度。煤矿企业应当依法制定井下工作时间管理制度。煤矿井下工作岗位不得使用劳务派遣用工。

第二十五条 煤矿企业使用的安全设备的设计、制造、安装、使用、检测、维修、改造和报废，应当符合国家标准或者行业标准。

煤矿企业应当建立安全设备台账和追溯、管理制度，对安全设备进行经常性维护、保养并定期检测，保证正常运转，对安全设备购置、入库、使用、维护、保养、检测、维修、改造、报废等进行全流程记录并存档。

煤矿企业不得使用应当淘汰的危及生产安全的设备、工艺，具体目录由国家矿山安全监察机构制定并公布。

第二十六条 煤矿的采煤、掘进、机电、运输、通风、排水、排土等主要生产系统和防瓦斯、防煤（岩）与瓦斯（二氧化碳）突出、防冲击地压、防火、防治水、防尘、防热害、防滑坡、监控与通讯等安全设施,应当符合煤矿安全规程和国家标准或者行业标准规定的管理和技术要求。

煤矿企业及其有关人员不得关闭、破坏直接关系生产安全的监控、报警、防护、救生设备、设施,或者篡改、隐瞒、销毁其相关数据、信息,不得以任何方式影响其正常使用。

第二十七条 井工煤矿应当有符合煤矿安全规程和国家标准或者行业标准规定的安全出口、独立通风系统、安全监控系统、防尘供水系统、防灭火系统、供配电系统、运送人员装置和反映煤矿实际情况的图纸,并按照规定进行瓦斯等级、冲击地压、煤层自燃倾向性和煤尘爆炸性鉴定。

井工煤矿应当按矿井瓦斯等级选用相应的煤矿许用炸药和电雷管,爆破工作由专职爆破工承担。

第二十八条 露天煤矿的采场及排土场边坡与重要建筑物、构筑物之间应当留有足够的安全距离。

煤矿企业应当定期对露天煤矿进行边坡稳定性评价,评价范围应当涵盖露天煤矿所有边坡。达不到边坡稳定要求时,应当修改采矿设计或者采取安全措施,同时加强边坡监测工作。

第二十九条 煤矿企业应当依法制定生产安全事故应急救援预案,与所在地县级以上地方人民政府组织制定的生产安全事故应急救援预案相衔接,并定期组织演练。

煤矿企业应当设立专职救护队;不具备设立专职救护队条件的,应当设立兼职救护队,并与邻近的专职救护队签订救护协议。发生事故时,专职救护队应当在规定时间内到达煤矿开展救援。

第三十条 煤矿企业应当在依法确定的开采范围内进行生产,不得超层、越界开采。

采矿作业不得擅自开采保安煤柱,不得采用可能危及相邻煤矿生产安全的决水、爆破、贯通巷道等危险方法。

第三十一条 煤矿企业不得超能力、超强度或者超定员组织生产。正常生产煤矿因地质、生产技术条件、采煤方法或者工艺等发生变化导致生产能力发生较大变化的,应当依法重新核定其生产能力。

县级以上地方人民政府及其有关部门不得要求不具备安全生产条件的煤矿企业进行生产。

第三十二条 煤矿企业应当按照煤矿灾害程度和类型实施灾害治理，编制年度灾害预防和处理计划，并根据具体情况及时修改。

第三十三条 煤矿开采有下列情形之一的，应当编制专项设计：

（一）有煤（岩）与瓦斯（二氧化碳）突出的；

（二）有冲击地压危险的；

（三）开采需要保护的建筑物、水体、铁路下压煤或者主要井巷留设煤柱的；

（四）水文地质类型复杂、极复杂或者周边有老窑采空区的；

（五）开采容易自燃和自燃煤层的；

（六）其他需要编制专项设计的。

第三十四条 在煤矿进行石门揭煤、探放水、巷道贯通、清理煤仓、强制放顶、火区密闭和启封、动火以及国家矿山安全监察机构规定的其他危险作业，应当采取专门安全技术措施，并安排专门人员进行现场安全管理。

第三十五条 煤矿企业应当建立安全风险分级管控制度，开展安全风险辨识评估，按照安全风险分级采取相应的管控措施。

煤矿企业应当建立健全事故隐患排查治理制度，采取技术、管理措施，及时发现并消除事故隐患。事故隐患排查治理情况应当如实记录，并定期向从业人员通报。重大事故隐患排查治理情况的书面报告经煤矿企业负责人签字后，每季度报县级以上地方人民政府负有煤矿安全生产监督管理职责的部门和所在地矿山安全监察机构。

煤矿企业应当加强对所属煤矿的安全管理，定期对所属煤矿进行安全检查。

第三十六条 煤矿企业有下列情形之一的，属于重大事故隐患，应当立即停止受影响区域生产、建设，并及时消除事故隐患：

（一）超能力、超强度或者超定员组织生产的；

（二）瓦斯超限作业的；

（三）煤（岩）与瓦斯（二氧化碳）突出矿井未按照规定实施防突措施的；

（四）煤（岩）与瓦斯（二氧化碳）突出矿井、高瓦斯矿井未按照规定建立瓦斯抽采系统，或者系统不能正常运行的；

（五）通风系统不完善、不可靠的；

（六）超层、越界开采的；

（七）有严重水患，未采取有效措施的；

（八）有冲击地压危险，未采取有效措施的；

（九）自然发火严重，未采取有效措施的；

（十）使用应当淘汰的危及生产安全的设备、工艺的；

（十一）未按照规定建立监控与通讯系统，或者系统不能正常运行的；

（十二）露天煤矿边坡角大于设计最大值或者边坡发生严重变形，未采取有效措施的；

（十三）未按照规定采用双回路供电系统的；

（十四）新建煤矿边建设边生产，煤矿改扩建期间，在改扩建的区域生产，或者在其他区域的生产超出设计规定的范围和规模的；

（十五）实行整体承包生产经营后，未重新取得或者及时变更安全生产许可证而从事生产，或者承包方再次转包，以及将井下采掘工作面和井巷维修作业外包的；

（十六）改制、合并、分立期间，未明确安全生产责任人和安全生产管理机构，或者在完成改制、合并、分立后，未重新取得或者及时变更安全生产许可证等的；

（十七）有其他重大事故隐患的。

第三十七条　煤矿企业及其有关人员对县级以上人民政府负有煤矿安全生产监督管理职责的部门、国家矿山安全监察机构及其设在地方的矿山安全监察机构依法履行职责，应当予以配合，按照要求如实提供有关情况，不得隐瞒或者拒绝、阻挠。

对县级以上人民政府负有煤矿安全生产监督管理职责的部门、国家矿山安全监察机构及其设在地方的矿山安全监察机构查处的事故隐患，煤矿企业应当立即进行整改，并按照要求报告整改结果。

第三十八条　煤矿企业应当及时足额安排安全生产费用等资金，确保符合安全生产要求。煤矿企业的决策机构、主要负责人对由于安全生产所必需的资金投入不足导致的后果承担责任。

第三章　煤矿安全生产监督管理

第三十九条　煤矿安全生产实行地方党政领导干部安全生产责任制，强化煤矿安全生产属地管理。

第四十条 省、自治区、直辖市人民政府应当按照分级分类监管的原则，明确煤矿企业的安全生产监管主体。

县级以上人民政府相关主管部门对未依法取得安全生产许可证等擅自进行煤矿生产的，应当依法查处。

乡镇人民政府在所辖区域内发现未依法取得安全生产许可证等擅自进行煤矿生产的，应当采取有效措施制止，并向县级人民政府相关主管部门报告。

第四十一条 省、自治区、直辖市人民政府负有煤矿安全生产监督管理职责的部门审查煤矿建设项目安全设施设计，应当自受理之日起30日内审查完毕，签署同意或者不同意的意见，并书面答复。

省、自治区、直辖市人民政府负有煤矿安全生产监督管理职责的部门应当加强对建设单位安全设施验收活动和验收结果的监督核查。

第四十二条 省、自治区、直辖市人民政府负有煤矿安全生产监督管理职责的部门负责煤矿企业安全生产许可证的颁发和管理，并接受国家矿山安全监察机构及其设在地方的矿山安全监察机构的监督。

第四十三条 县级以上地方人民政府负有煤矿安全生产监督管理职责的部门应当编制煤矿安全生产年度监督检查计划，并按照计划进行监督检查。

煤矿安全生产年度监督检查计划应当抄送所在地矿山安全监察机构。

第四十四条 县级以上地方人民政府负有煤矿安全生产监督管理职责的部门依法对煤矿企业进行监督检查，并将煤矿现场安全生产状况作为监督检查重点内容。监督检查可以采取以下措施：

（一）进入煤矿企业进行检查，重点检查一线生产作业场所，调阅有关资料，向有关单位和人员了解情况；

（二）对检查中发现的安全生产违法行为，当场予以纠正或者要求限期改正；

（三）对检查中发现的事故隐患，应当责令立即排除；重大事故隐患排除前或者排除过程中无法保证安全的，应当责令从危险区域内撤出作业人员，责令暂时停产或者停止使用相关设施、设备；

（四）对有根据认为不符合保障安全生产的国家标准或者行业标准的设施、设备、器材予以查封或者扣押。

监督检查不得影响煤矿企业的正常生产经营活动。

第四十五条　县级以上地方人民政府负有煤矿安全生产监督管理职责的部门应当将重大事故隐患纳入相关信息系统,建立健全重大事故隐患治理督办制度,督促煤矿企业消除重大事故隐患。

第四十六条　县级以上地方人民政府负有煤矿安全生产监督管理职责的部门应当加强对煤矿安全生产技术服务机构的监管。

承担安全评价、认证、检测、检验等职责的煤矿安全生产技术服务机构应当依照有关法律法规和国家标准或者行业标准的规定开展安全生产技术服务活动,并对出具的报告负责,不得租借资质、挂靠、出具虚假报告。

第四十七条　县级以上人民政府及其有关部门对存在安全生产失信行为的煤矿企业、煤矿安全生产技术服务机构及有关从业人员,依法依规实施失信惩戒。

第四十八条　对被责令停产整顿的煤矿企业,在停产整顿期间,有关地方人民政府应当采取有效措施进行监督检查。

煤矿企业有安全生产违法行为或者重大事故隐患依法被责令停产整顿的,应当制定整改方案并进行整改。整改结束后要求恢复生产的,县级以上地方人民政府负有煤矿安全生产监督管理职责的部门应当组织验收,并在收到恢复生产申请之日起20日内组织验收完毕。验收合格的,经本部门主要负责人签字,并经所在地矿山安全监察机构审核同意,报本级人民政府主要负责人批准后,方可恢复生产。

第四十九条　县级以上地方人民政府负有煤矿安全生产监督管理职责的部门对被责令停产整顿或者关闭的煤矿企业,应当在5个工作日内向社会公告;对被责令停产整顿的煤矿企业经验收合格恢复生产的,应当自恢复生产之日起5个工作日内向社会公告。

第四章　煤矿安全监察

第五十条　国家矿山安全监察机构及其设在地方的矿山安全监察机构应当依法履行煤矿安全监察职责,对县级以上地方人民政府煤矿安全生产监督管理工作加强监督检查,并及时向有关地方人民政府通报监督检查的情况,提出改善和加强煤矿安全生产工作的监察意见和建议,督促开展重大事故隐患整改和复查。

县级以上地方人民政府应当配合和接受国家矿山安全监察机构及其设在地方的矿山安全监察机构的监督检查,及时落实监察意见和建议。

第五十一条 设在地方的矿山安全监察机构应当对所辖区域内煤矿安全生产实施监察;对事故多发地区,应当实施重点监察。国家矿山安全监察机构根据实际情况,组织对全国煤矿安全生产的全面监察或者重点监察。

第五十二条 国家矿山安全监察机构及其设在地方的矿山安全监察机构对县级以上地方人民政府煤矿安全生产监督管理工作进行监督检查,可以采取以下方式:

(一)听取有关地方人民政府及其负有煤矿安全生产监督管理职责的部门工作汇报;

(二)调阅、复制与煤矿安全生产有关的文件、档案、工作记录等资料;

(三)要求有关地方人民政府及其负有煤矿安全生产监督管理职责的部门和有关人员就煤矿安全生产工作有关问题作出说明;

(四)有必要采取的其他方式。

第五十三条 国家矿山安全监察机构及其设在地方的矿山安全监察机构履行煤矿安全监察职责,有权进入煤矿作业场所进行检查,参加煤矿企业安全生产会议,向有关煤矿企业及人员了解情况。

国家矿山安全监察机构及其设在地方的矿山安全监察机构发现煤矿现场存在事故隐患的,有权要求立即排除或者限期排除;发现有违章指挥、强令冒险作业、违章作业以及其他安全生产违法行为的,有权立即纠正或者要求立即停止作业;发现威胁安全的紧急情况时,有权要求立即停止危险区域内的作业并撤出作业人员。

矿山安全监察人员履行煤矿安全监察职责,应当出示执法证件。

第五十四条 国家矿山安全监察机构及其设在地方的矿山安全监察机构发现煤矿企业存在重大事故隐患责令停产整顿的,应当及时移送县级以上地方人民政府负有煤矿安全生产监督管理职责的部门处理并进行督办。

第五十五条 国家矿山安全监察机构及其设在地方的矿山安全监察机构发现煤矿企业存在应当由其他部门处理的违法行为的,应当及时移送有关部门处理。

第五十六条 国家矿山安全监察机构及其设在地方的矿山安全监察机构和县级以上人民政府有关部门应当建立信息共享、案件移送机制,加强协作配合。

第五十七条 国家矿山安全监察机构及其设在地方的矿山安全监察机构应当加强煤矿安全生产信息化建设，运用信息化手段提升执法水平。

煤矿企业应当按照国家矿山安全监察机构制定的安全生产电子数据规范联网并实时上传电子数据，对上传电子数据的真实性、准确性和完整性负责。

第五十八条 国家矿山安全监察机构及其设在地方的矿山安全监察机构依法对煤矿企业贯彻执行安全生产法律法规、煤矿安全规程以及保障安全生产的国家标准或者行业标准的情况进行监督检查，行使本条例第四十四条规定的职权。

第五十九条 发生煤矿生产安全事故后，煤矿企业及其负责人应当迅速采取有效措施组织抢救，并依照《生产安全事故报告和调查处理条例》的规定立即如实向当地应急管理部门、负有煤矿安全生产监督管理职责的部门和所在地矿山安全监察机构报告。

国家矿山安全监察机构及其设在地方的矿山安全监察机构应当根据事故等级和工作需要，派出工作组赶赴事故现场，指导配合事故发生地地方人民政府开展应急救援工作。

第六十条 煤矿生产安全事故按照事故等级实行分级调查处理。

特别重大事故由国务院或者国务院授权有关部门依照《生产安全事故报告和调查处理条例》的规定组织调查处理。重大事故、较大事故、一般事故由国家矿山安全监察机构及其设在地方的矿山安全监察机构依照《生产安全事故报告和调查处理条例》的规定组织调查处理。

第五章 法律责任

第六十一条 未依法取得安全生产许可证等擅自进行煤矿生产的，应当责令立即停止生产，没收违法所得和开采出的煤炭以及采掘设备；违法所得在10万元以上的，并处违法所得2倍以上5倍以下的罚款；没有违法所得或者违法所得不足10万元的，并处10万元以上20万元以下的罚款。

关闭的煤矿企业擅自恢复生产的，依照前款规定予以处罚。

第六十二条 煤矿企业有下列行为之一的，依照《中华人民共和国安全生产法》有关规定予以处罚：

（一）未按照规定设置安全生产管理机构并配备安全生产管理人员的；

（二）主要负责人和安全生产管理人员未按照规定经考核合格并持续保持相应水平和能力的；

（三）未按照规定进行安全生产教育和培训，未按照规定如实告知有关的安全生产事项，或者未如实记录安全生产教育和培训情况的；

（四）特种作业人员未按照规定经专门的安全作业培训并取得相应资格，上岗作业的；

（五）进行危险作业，未采取专门安全技术措施并安排专门人员进行现场安全管理的；

（六）未按照规定建立并落实安全风险分级管控制度和事故隐患排查治理制度的，或者重大事故隐患排查治理情况未按照规定报告的；

（七）未按照规定制定生产安全事故应急救援预案或者未定期组织演练的。

第六十三条 煤矿企业有下列行为之一的，责令限期改正，处10万元以上20万元以下的罚款；逾期未改正的，责令停产整顿，并处20万元以上50万元以下的罚款，对其直接负责的主管人员和其他直接责任人员处3万元以上5万元以下的罚款：

（一）未按照规定制定并落实全员安全生产责任制和领导带班等安全生产规章制度的；

（二）未按照规定为煤矿配备矿长等人员和机构，或者未按照规定设立救护队的；

（三）煤矿的主要生产系统、安全设施不符合煤矿安全规程和国家标准或者行业标准规定的；

（四）未按照规定编制专项设计的；

（五）井工煤矿未按照规定进行瓦斯等级、冲击地压、煤层自燃倾向性和煤尘爆炸性鉴定的；

（六）露天煤矿的采场及排土场边坡与重要建筑物、构筑物之间安全距离不符合规定的，或者未按照规定保持露天煤矿边坡稳定的；

（七）违章指挥或者强令冒险作业、违反规程的。

第六十四条 对存在重大事故隐患仍然进行生产的煤矿企业，责令停产整顿，明确整顿的内容、时间等具体要求，并处50万元以上200万元以下的罚款;对煤矿企业主要负责人处 3 万元以上 15 万元以下的罚款。

第六十五条 煤矿企业超越依法确定的开采范围采矿的,依照有关法律法规的规定予以处理。

擅自开采保安煤柱或者采用可能危及相邻煤矿生产安全的决水、爆破、贯通巷道等危险方法进行采矿作业的,责令立即停止作业,没收违法所得;违法所得在 10 万元以上的,并处违法所得 2 倍以上 5 倍以下的罚款;没有违法所得或者违法所得不足 10 万元的,并处 10 万元以上 20 万元以下的罚款;造成损失的,依法承担赔偿责任。

第六十六条 煤矿企业有下列行为之一的,责令改正;拒不改正的,处 10 万元以上 20 万元以下的罚款;对其直接负责的主管人员和其他直接责任人员处 1 万元以上 2 万元以下的罚款:

(一)违反本条例第三十七条第一款规定,隐瞒存在的事故隐患以及其他安全问题的;

(二)违反本条例第四十四条第一款规定,擅自启封或者使用被查封、扣押的设施、设备、器材的;

(三)有其他拒绝、阻碍监督检查行为的。

第六十七条 发生煤矿生产安全事故,对负有责任的煤矿企业除要求其依法承担相应的赔偿等责任外,依照下列规定处以罚款:

(一)发生一般事故的,处 50 万元以上 100 万元以下的罚款;

(二)发生较大事故的,处 150 万元以上 200 万元以下的罚款;

(三)发生重大事故的,处 500 万元以上 1000 万元以下的罚款;

(四)发生特别重大事故的,处 1000 万元以上 2000 万元以下的罚款。

发生煤矿生产安全事故,情节特别严重、影响特别恶劣的,可以按照前款罚款数额的 2 倍以上 5 倍以下对负有责任的煤矿企业处以罚款。

第六十八条 煤矿企业的决策机构、主要负责人、其他负责人和安全生产管理人员未依法履行安全生产管理职责的,依照《中华人民共和国安全生产法》有关规定处罚并承担相应责任。

煤矿企业主要负责人未依法履行安全生产管理职责,导致发生煤矿生产安全事故的,依照下列规定处以罚款:

(一)发生一般事故的,处上一年年收入 40% 的罚款;

(二)发生较大事故的,处上一年年收入 60% 的罚款;

（三）发生重大事故的，处上一年年收入 80% 的罚款；

（四）发生特别重大事故的，处上一年年收入 100% 的罚款。

第六十九条 煤矿企业及其有关人员有瞒报、谎报事故等行为的，依照《中华人民共和国安全生产法》、《生产安全事故报告和调查处理条例》有关规定予以处罚。

有关地方人民政府及其应急管理部门、负有煤矿安全生产监督管理职责的部门和设在地方的矿山安全监察机构有瞒报、谎报事故等行为的，对负有责任的领导人员和直接责任人员依法给予处分。

第七十条 煤矿企业存在下列情形之一的，应当提请县级以上地方人民政府予以关闭：

（一）未依法取得安全生产许可证等擅自进行生产的；

（二）3 个月内 2 次或者 2 次以上发现有重大事故隐患仍然进行生产的；

（三）经地方人民政府组织的专家论证在现有技术条件下难以有效防治重大灾害的；

（四）有《中华人民共和国安全生产法》规定的应当提请关闭的其他情形。

有关地方人民政府作出予以关闭的决定，应当立即组织实施。关闭煤矿应当达到下列要求：

（一）依照法律法规有关规定吊销、注销相关证照；

（二）停止供应并妥善处理民用爆炸物品；

（三）停止供电，拆除矿井生产设备、供电、通信线路；

（四）封闭、填实矿井井筒，平整井口场地，恢复地貌；

（五）妥善处理劳动关系，依法依规支付经济补偿、工伤保险待遇，组织离岗时职业健康检查，偿还拖欠工资，补缴欠缴的社会保险费；

（六）设立标识牌；

（七）报送、移交相关报告、图纸和资料等；

（八）有关法律法规规定的其他要求。

第七十一条 有下列情形之一的，依照《中华人民共和国安全生产法》有关规定予以处罚：

（一）煤矿建设项目没有安全设施设计或者安全设施设计未按照规定报经有关部门审查同意的；

（二）煤矿建设项目的施工单位未按照批准的安全设施设计施工的；

（三）煤矿建设项目竣工投入生产或者使用前，安全设施未经验收合格的；

（四）煤矿企业违反本条例第二十四条第一款、第二十五条第一款和第二款、第二十六条第二款规定的。

第七十二条　承担安全评价、认证、检测、检验等职责的煤矿安全生产技术服务机构有出具失实报告、租借资质、挂靠、出具虚假报告等情形的，对该机构及直接负责的主管人员和其他直接责任人员，应当依照《中华人民共和国安全生产法》有关规定予以处罚并追究相应责任。其主要负责人对重大、特别重大煤矿生产安全事故负有责任的，终身不得从事煤矿安全生产相关技术服务工作。

第七十三条　本条例规定的行政处罚，由县级以上人民政府负有煤矿安全生产监督管理职责的部门和其他有关部门、国家矿山安全监察机构及其设在地方的矿山安全监察机构按照职责分工决定，对同一违法行为不得给予两次以上罚款的行政处罚。对被责令停产整顿的煤矿企业，应当暂扣安全生产许可证等。对违反本条例规定的严重违法行为，应当依法从重处罚。

第七十四条　地方各级人民政府、县级以上人民政府负有煤矿安全生产监督管理职责的部门和其他有关部门、国家矿山安全监察机构及其设在地方的矿山安全监察机构有下列情形之一的，对负有责任的领导人员和直接责任人员依法给予处分：

（一）县级以上人民政府负有煤矿安全生产监督管理职责的部门、国家矿山安全监察机构及其设在地方的矿山安全监察机构不依法履行职责，不及时查处所辖区域内重大事故隐患和安全生产违法行为的；县级以上人民政府其他有关部门未依法履行煤矿安全生产相关职责的；

（二）乡镇人民政府在所辖区域内发现未依法取得安全生产许可证等擅自进行煤矿生产，没有采取有效措施制止或者没有向县级人民政府相关主管部门报告的；

（三）对被责令停产整顿的煤矿企业，在停产整顿期间，因有关地方人民政府监督检查不力，煤矿企业在停产整顿期间继续生产的；

（四）关闭煤矿未达到本条例第七十条第二款规定要求的；

（五）县级以上人民政府负有煤矿安全生产监督管理职责的部门、国家矿山安全监察机构及其设在地方的矿山安全监察机构接到举报后，不及时处理的；

（六）县级以上地方人民政府及其有关部门要求不具备安全生产条件的煤矿企业进行生产的；

（七）有其他滥用职权、玩忽职守、徇私舞弊情形的。

第七十五条 违反本条例规定，构成犯罪的，依法追究刑事责任。

第六章 附 则

第七十六条 本条例自2024年5月1日起施行。《煤矿安全监察条例》和《国务院关于预防煤矿生产安全事故的特别规定》同时废止。

国务院关于特大安全事故行政责任追究的规定

（2001年4月21日国务院令第302号公布施行）

第一条 为了有效地防范特大安全事故的发生，严肃追究特大安全事故的行政责任，保障人民群众生命、财产安全，制定本规定。

第二条 地方人民政府主要领导人和政府有关部门正职负责人对下列特大安全事故的防范、发生，依照法律、行政法规和本规定的规定有失职、渎职情形或者负有领导责任的，依照本规定给予行政处分；构成玩忽职守罪或者其他罪的，依法追究刑事责任：

（一）特大火灾事故；

（二）特大交通安全事故；

（三）特大建筑质量安全事故；

（四）民用爆炸物品和化学危险品特大安全事故；

（五）煤矿和其他矿山特大安全事故；

（六）锅炉、压力容器、压力管道和特种设备特大安全事故；

（七）其他特大安全事故。

地方人民政府和政府有关部门对特大安全事故的防范、发生直接负责的主管人员和其他直接责任人员，比照本规定给予行政处分；构成玩忽职守罪或者其他罪的，依法追究刑事责任。

特大安全事故肇事单位和个人的刑事处罚、行政处罚和民事责任，依照有关法律、法规和规章的规定执行。

第三条 特大安全事故的具体标准，按照国家有关规定执行。

第四条 地方各级人民政府及政府有关部门应当依照有关法律、法规和规章的规定，采取行政措施，对本地区实施安全监督管理，保障本地区人民群众生命、财产安全，对本地区或者职责范围内防范特大安全事故的发生、特大安全事故发生后的迅速和妥善处理负责。

第五条 地方各级人民政府应当每个季度至少召开一次防范特大安全事故工作会议，由政府主要领导人或者政府主要领导人委托政府分管领导人召集有关部门正职负责人参加，分析、布置、督促、检查本地区防范特大安全事故的工作。会议应当作出决定并形成纪要，会议确定的各项防范措施必须严格实施。

第六条 市（地、州）、县（市、区）人民政府应当组织有关部门按照职责分工对本地区容易发生特大安全事故的单位、设施和场所安全事故的防范明确责任、采取措施，并组织有关部门对上述单位、设施和场所进行严格检查。

第七条 市（地、州）、县（市、区）人民政府必须制定本地区特大安全事故应急处理预案。本地区特大安全事故应急处理预案经政府主要领导人签署后，报上一级人民政府备案。

第八条 市（地、州）、县（市、区）人民政府应当组织有关部门对本规定第二条所列各类特大安全事故的隐患进行查处；发现特大安全事故隐患的，责令立即排除；特大安全事故隐患排除前或者排除过程中，无法保证安全的，责令暂时停产、停业或者停止使用。法律、行政法规对查处机关另有规定的，依照其规定。

第九条 市（地、州）、县（市、区）人民政府及其有关部门对本地区存在的特大安全事故隐患，超出其管辖或者职责范围的，应当立即向有管辖权或者负有职责的上级人民政府或者政府有关部门报告；情况紧急的，可以立即采取包括责令暂时停产、停业在内的紧急措施，同时报告；有关上级人民政府或者政府有关部门接到报告后，应当立即组织查处。

第十条 中小学校对学生进行劳动技能教育以及组织学生参加公益劳动等社会实践活动，必须确保学生安全。严禁以任何形式、名义组织学生从事接触易燃、易爆、有毒、有害等危险品的劳动或者其他危险性劳动。严禁将学校场地出租作为从事易燃、易爆、有毒、有害等危险品的生产、经营场所。

中小学校违反前款规定的，按照学校隶属关系，对县（市、区）、乡（镇）人民政府主要领导人和县（市、区）人民政府教育行政部门正职负责人，根据情节轻重，给予记过、降级直至撤职的行政处分；构成玩忽职守罪或者其他罪的，依法追究刑事责任。

中小学校违反本条第一款规定的，对校长给予撤职的行政处分，对直接组织者给予开除公职的行政处分；构成非法制造爆炸物罪或者其他罪的，依法追究刑事责任。

第十一条 依法对涉及安全生产事项负责行政审批（包括批准、核准、许可、注册、认证、颁发证照、竣工验收等，下同）的政府部门或者机构，必须严格依照法律、法规和规章规定的安全条件和程序进行审查；不符合法律、法规和规章规定的安全条件的，不得批准；不符合法律、法规和规章规定的安全条件，弄虚作假，骗取批准或者勾结串通行政审批工作人员取得批准的，负责行政审批的政府部门或者机构除必须立即撤销原批准外，应当对弄虚作假骗取批准或者勾结串通行政审批工作人员的当事人依法给予行政处罚；构成行贿罪或者其他罪的，依法追究刑事责任。

负责行政审批的政府部门或者机构违反前款规定，对不符合法律、法规和规章规定的安全条件予以批准的，对部门或者机构的正职负责人，根据情节轻重，给予降级、撤职直至开除公职的行政处分；与当事人勾结串通的，应当开除公职；构成受贿罪、玩忽职守罪或者其他罪的，依法追究刑事责任。

第十二条 对依照本规定第十一条第一款的规定取得批准的单位和个人，负责行政审批的政府部门或者机构必须对其实施严格监督检查；发现其不再具备安全条件的，必须立即撤销原批准。

负责行政审批的政府部门或者机构违反前款规定，不对取得批准的单位和个人实施严格监督检查，或者发现其不再具备安全条件而不立即撤销原批准的，对部门或者机构的正职负责人，根据情节轻重，给予降级或者撤职的行政处分；构成受贿罪、玩忽职守罪或者其他罪的，依法追究刑事责任。

第十三条 对未依法取得批准，擅自从事有关活动的，负责行政审批的政府部门或者机构发现或者接到举报后，应当立即予以查封、取缔，并依法给予行政处罚；属于经营单位的，由工商行政管理部门依法相应吊销营业执照。

负责行政审批的政府部门或者机构违反前款规定，对发现或者举报的未依法取得批准而擅自从事有关活动的，不予查封、取缔、不依法给予行政处罚，工商行政管理部门不予吊销营业执照的，对部门或者机构的正职负责人，根据情节轻重，给予降级或者撤职的行政处分；构成受贿罪、玩忽职守罪或者其他罪的，依法追究刑事责任。

第十四条 市（地、州）、县（市、区）人民政府依照本规定应当履行职责而未履行，或者未按照规定的职责和程序履行，本地区发生特大安全事故的，对政府主要领导人，根据情节轻重，给予降级或者撤职的行政处分；构成玩忽职守罪的，依法追究刑事责任。

负责行政审批的政府部门或者机构、负责安全监督管理的政府有关部门，未依照本规定履行职责，发生特大安全事故的，对部门或者机构的正职负责人，根据情节轻重，给予撤职或者开除公职的行政处分；构成玩忽职守罪或者其他罪的，依法追究刑事责任。

第十五条 发生特大安全事故，社会影响特别恶劣或者性质特别严重的，由国务院对负有领导责任的省长、自治区主席、直辖市市长和国务院有关部门正职负责人给予行政处分。

第十六条 特大安全事故发生后，有关县（市、区）、市（地、州）和省、自治区、直辖市人民政府及政府有关部门应当按照国家规定的程序和时限立即上报，不得隐瞒不报、谎报或者拖延报告，并应当配合、协助事故调查，不得以任何方式阻碍、干涉事故调查。

特大安全事故发生后，有关地方人民政府及政府有关部门违反前款规定的，对政府主要领导人和政府部门正职负责人给予降级的行政处分。

第十七条 特大安全事故发生后，有关地方人民政府应当迅速组织救助，有关部门应当服从指挥、调度，参加或者配合救助，将事故损失降到最低限度。

第十八条 特大安全事故发生后，省、自治区、直辖市人民政府应当按照国家有关规定迅速、如实发布事故消息。

第十九条　特大安全事故发生后,按照国家有关规定组织调查组对事故进行调查。事故调查工作应当自事故发生之日起60日内完成,并由调查组提出调查报告;遇有特殊情况的,经调查组提出并报国家安全生产监督管理机构批准后,可以适当延长时间。调查报告应当包括依照本规定对有关责任人员追究行政责任或者其他法律责任的意见。

省、自治区、直辖市人民政府应当自调查报告提交之日起30日内,对有关责任人员作出处理决定;必要时,国务院可以对特大安全事故的有关责任人员作出处理决定。

第二十条　地方人民政府或者政府部门阻挠、干涉对特大安全事故有关责任人员追究行政责任的,对该地方人民政府主要领导人或者政府部门正职负责人,根据情节轻重,给予降级或者撤职的行政处分。

第二十一条　任何单位和个人均有权向有关地方人民政府或者政府部门报告特大安全事故隐患,有权向上级人民政府或者政府部门举报地方人民政府或者政府部门不履行安全监督管理职责或者不按照规定履行职责的情况。接到报告或者举报的有关人民政府或者政府部门,应当立即组织对事故隐患进行查处,或者对举报的不履行、不按照规定履行安全监督管理职责的情况进行调查处理。

第二十二条　监察机关依照行政监察法的规定,对地方各级人民政府和政府部门及其工作人员履行安全监督管理职责实施监察。

第二十三条　对特大安全事故以外的其他安全事故的防范、发生追究行政责任的办法,由省、自治区、直辖市人民政府参照本规定制定。

第二十四条　本规定自公布之日起施行。

生产安全事故报告和调查处理条例

（2007年4月9日国务院令第493号公布
自2007年6月1日起施行）

第一章 总 则

第一条 为了规范生产安全事故的报告和调查处理，落实生产安全事故责任追究制度，防止和减少生产安全事故，根据《中华人民共和国安全生产法》和有关法律，制定本条例。

第二条 生产经营活动中发生的造成人身伤亡或者直接经济损失的生产安全事故的报告和调查处理，适用本条例；环境污染事故、核设施事故、国防科研生产事故的报告和调查处理不适用本条例。

第三条 根据生产安全事故（以下简称事故）造成的人员伤亡或者直接经济损失，事故一般分为以下等级：

（一）特别重大事故，是指造成30人以上死亡，或者100人以上重伤（包括急性工业中毒，下同），或者1亿元以上直接经济损失的事故；

（二）重大事故，是指造成10人以上30人以下死亡，或者50人以上100人以下重伤，或者5000万元以上1亿元以下直接经济损失的事故；

（三）较大事故，是指造成3人以上10人以下死亡，或者10人以上50人以下重伤，或者1000万元以上5000万元以下直接经济损失的事故；

（四）一般事故，是指造成3人以下死亡，或者10人以下重伤，或者1000万元以下直接经济损失的事故。

国务院安全生产监督管理部门可以会同国务院有关部门，制定事故等级划分的补充性规定。

本条第一款所称的“以上”包括本数，所称的“以下”不包括本数。

第四条 事故报告应当及时、准确、完整,任何单位和个人对事故不得迟报、漏报、谎报或者瞒报。

事故调查处理应当坚持实事求是、尊重科学的原则,及时、准确地查清事故经过、事故原因和事故损失,查明事故性质,认定事故责任,总结事故教训,提出整改措施,并对事故责任者依法追究责任。

第五条 县级以上人民政府应当依照本条例的规定,严格履行职责,及时、准确地完成事故调查处理工作。

事故发生地有关地方人民政府应当支持、配合上级人民政府或者有关部门的事故调查处理工作,并提供必要的便利条件。

参加事故调查处理的部门和单位应当互相配合,提高事故调查处理工作的效率。

第六条 工会依法参加事故调查处理,有权向有关部门提出处理意见。

第七条 任何单位和个人不得阻挠和干涉对事故的报告和依法调查处理。

第八条 对事故报告和调查处理中的违法行为,任何单位和个人有权向安全生产监督管理部门、监察机关或者其他有关部门举报,接到举报的部门应当依法及时处理。

第二章 事故报告

第九条 事故发生后,事故现场有关人员应当立即向本单位负责人报告;单位负责人接到报告后,应当于1小时内向事故发生地县级以上人民政府安全生产监督管理部门和负有安全生产监督管理职责的有关部门报告。

情况紧急时,事故现场有关人员可以直接向事故发生地县级以上人民政府安全生产监督管理部门和负有安全生产监督管理职责的有关部门报告。

第十条 安全生产监督管理部门和负有安全生产监督管理职责的有关部门接到事故报告后,应当依照下列规定上报事故情况,并通知公安机关、劳动保障行政部门、工会和人民检察院:

(一)特别重大事故、重大事故逐级上报至国务院安全生产监督管理部门和负有安全生产监督管理职责的有关部门;

(二)较大事故逐级上报至省、自治区、直辖市人民政府安全生产监督管理部门和负有安全生产监督管理职责的有关部门;

（三）一般事故上报至设区的市级人民政府安全生产监督管理部门和负有安全生产监督管理职责的有关部门。

安全生产监督管理部门和负有安全生产监督管理职责的有关部门依照前款规定上报事故情况，应当同时报告本级人民政府。国务院安全生产监督管理部门和负有安全生产监督管理职责的有关部门以及省级人民政府接到发生特别重大事故、重大事故的报告后，应当立即报告国务院。

必要时，安全生产监督管理部门和负有安全生产监督管理职责的有关部门可以越级上报事故情况。

第十一条 安全生产监督管理部门和负有安全生产监督管理职责的有关部门逐级上报事故情况，每级上报的时间不得超过 2 小时。

第十二条 报告事故应当包括下列内容：

（一）事故发生单位概况；

（二）事故发生的时间、地点以及事故现场情况；

（三）事故的简要经过；

（四）事故已经造成或者可能造成的伤亡人数（包括下落不明的人数）和初步估计的直接经济损失；

（五）已经采取的措施；

（六）其他应当报告的情况。

第十三条 事故报告后出现新情况的，应当及时补报。

自事故发生之日起 30 日内，事故造成的伤亡人数发生变化的，应当及时补报。道路交通事故、火灾事故自发生之日起 7 日内，事故造成的伤亡人数发生变化的，应当及时补报。

第十四条 事故发生单位负责人接到事故报告后，应当立即启动事故相应应急预案，或者采取有效措施，组织抢救，防止事故扩大，减少人员伤亡和财产损失。

第十五条 事故发生地有关地方人民政府、安全生产监督管理部门和负有安全生产监督管理职责的有关部门接到事故报告后，其负责人应当立即赶赴事故现场，组织事故救援。

第十六条 事故发生后，有关单位和人员应当妥善保护事故现场以及相关证据，任何单位和个人不得破坏事故现场、毁灭相关证据。

因抢救人员、防止事故扩大以及疏通交通等原因，需要移动事故现场物件的，应当做出标志，绘制现场简图并做出书面记录，妥善保存现场重要痕迹、物证。

第十七条 事故发生地公安机关根据事故的情况，对涉嫌犯罪的，应当依法立案侦查，采取强制措施和侦查措施。犯罪嫌疑人逃匿的，公安机关应当迅速追捕归案。

第十八条 安全生产监督管理部门和负有安全生产监督管理职责的有关部门应当建立值班制度，并向社会公布值班电话，受理事故报告和举报。

第三章 事故调查

第十九条 特别重大事故由国务院或者国务院授权有关部门组织事故调查组进行调查。

重大事故、较大事故、一般事故分别由事故发生地省级人民政府、设区的市级人民政府、县级人民政府负责调查。省级人民政府、设区的市级人民政府、县级人民政府可以直接组织事故调查组进行调查，也可以授权或者委托有关部门组织事故调查组进行调查。

未造成人员伤亡的一般事故，县级人民政府也可以委托事故发生单位组织事故调查组进行调查。

第二十条 上级人民政府认为必要时，可以调查由下级人民政府负责调查的事故。

自事故发生之日起 30 日内（道路交通事故、火灾事故自发生之日起 7 日内），因事故伤亡人数变化导致事故等级发生变化，依照本条例规定应当由上级人民政府负责调查的，上级人民政府可以另行组织事故调查组进行调查。

第二十一条 特别重大事故以下等级事故，事故发生地与事故发生单位不在同一个县级以上行政区域的，由事故发生地人民政府负责调查，事故发生单位所在地人民政府应当派人参加。

第二十二条 事故调查组的组成应当遵循精简、效能的原则。

根据事故的具体情况，事故调查组由有关人民政府、安全生产监督管理部门、负有安全生产监督管理职责的有关部门、监察机关、公安机关以及工会派人组成，并应当邀请人民检察院派人参加。

事故调查组可以聘请有关专家参与调查。

第二十三条 事故调查组成员应当具有事故调查所需要的知识和专长，并与所调查的事故没有直接利害关系。

第二十四条 事故调查组组长由负责事故调查的人民政府指定。事故调查组组长主持事故调查组的工作。

第二十五条 事故调查组履行下列职责：

（一）查明事故发生的经过、原因、人员伤亡情况及直接经济损失；

（二）认定事故的性质和事故责任；

（三）提出对事故责任者的处理建议；

（四）总结事故教训，提出防范和整改措施；

（五）提交事故调查报告。

第二十六条 事故调查组有权向有关单位和个人了解与事故有关的情况，并要求其提供相关文件、资料，有关单位和个人不得拒绝。

事故发生单位的负责人和有关人员在事故调查期间不得擅离职守，并应当随时接受事故调查组的询问，如实提供有关情况。

事故调查中发现涉嫌犯罪的，事故调查组应当及时将有关材料或者其复印件移交司法机关处理。

第二十七条 事故调查中需要进行技术鉴定的，事故调查组应当委托具有国家规定资质的单位进行技术鉴定。必要时，事故调查组可以直接组织专家进行技术鉴定。技术鉴定所需时间不计入事故调查期限。

第二十八条 事故调查组成员在事故调查工作中应当诚信公正、恪尽职守，遵守事故调查组的纪律，保守事故调查的秘密。

未经事故调查组组长允许，事故调查组成员不得擅自发布有关事故的信息。

第二十九条 事故调查组应当自事故发生之日起60日内提交事故调查报告；特殊情况下，经负责事故调查的人民政府批准，提交事故调查报告的期限可以适当延长，但延长的期限最长不超过60日。

第三十条 事故调查报告应当包括下列内容：

（一）事故发生单位概况；

（二）事故发生经过和事故救援情况；

（三）事故造成的人员伤亡和直接经济损失；

（四）事故发生的原因和事故性质；

（五）事故责任的认定以及对事故责任者的处理建议；

（六）事故防范和整改措施。

事故调查报告应当附具有关证据材料。事故调查组成员应当在事故调查报告上签名。

第三十一条　事故调查报告报送负责事故调查的人民政府后，事故调查工作即告结束。事故调查的有关资料应当归档保存。

第四章　事故处理

第三十二条　重大事故、较大事故、一般事故，负责事故调查的人民政府应当自收到事故调查报告之日起15日内做出批复；特别重大事故，30日内做出批复，特殊情况下，批复时间可以适当延长，但延长的时间最长不超过30日。

有关机关应当按照人民政府的批复，依照法律、行政法规规定的权限和程序，对事故发生单位和有关人员进行行政处罚，对负有事故责任的国家工作人员进行处分。

事故发生单位应当按照负责事故调查的人民政府的批复，对本单位负有事故责任的人员进行处理。

负有事故责任的人员涉嫌犯罪的，依法追究刑事责任。

第三十三条　事故发生单位应当认真吸取事故教训，落实防范和整改措施，防止事故再次发生。防范和整改措施的落实情况应当接受工会和职工的监督。

安全生产监督管理部门和负有安全生产监督管理职责的有关部门应当对事故发生单位落实防范和整改措施的情况进行监督检查。

第三十四条　事故处理的情况由负责事故调查的人民政府或者其授权的有关部门、机构向社会公布，依法应当保密的除外。

第五章　法律责任

第三十五条　事故发生单位主要负责人有下列行为之一的，处上一年年收入40%至80%的罚款；属于国家工作人员的，并依法给予处分；构成犯罪的，依法追究刑事责任：

（一）不立即组织事故抢救的；

（二）迟报或者漏报事故的；

（三）在事故调查处理期间擅离职守的。

第三十六条 事故发生单位及其有关人员有下列行为之一的，对事故发生单位处 100 万元以上 500 万元以下的罚款；对主要负责人、直接负责的主管人员和其他直接责任人员处上一年年收入 60% 至 100% 的罚款；属于国家工作人员的，并依法给予处分；构成违反治安管理行为的，由公安机关依法给予治安管理处罚；构成犯罪的，依法追究刑事责任：

（一）谎报或者瞒报事故的；

（二）伪造或者故意破坏事故现场的；

（三）转移、隐匿资金、财产，或者销毁有关证据、资料的；

（四）拒绝接受调查或者拒绝提供有关情况和资料的；

（五）在事故调查中作伪证或者指使他人作伪证的；

（六）事故发生后逃匿的。

第三十七条 事故发生单位对事故发生负有责任的，依照下列规定处以罚款：

（一）发生一般事故的，处 10 万元以上 20 万元以下的罚款；

（二）发生较大事故的，处 20 万元以上 50 万元以下的罚款；

（三）发生重大事故的，处 50 万元以上 200 万元以下的罚款；

（四）发生特别重大事故的，处 200 万元以上 500 万元以下的罚款。

第三十八条 事故发生单位主要负责人未依法履行安全生产管理职责，导致事故发生的，依照下列规定处以罚款；属于国家工作人员的，并依法给予处分；构成犯罪的，依法追究刑事责任：

（一）发生一般事故的，处上一年年收入 30% 的罚款；

（二）发生较大事故的，处上一年年收入 40% 的罚款；

（三）发生重大事故的，处上一年年收入 60% 的罚款；

（四）发生特别重大事故的，处上一年年收入 80% 的罚款。

第三十九条 有关地方人民政府、安全生产监督管理部门和负有安全生产监督管理职责的有关部门有下列行为之一的，对直接负责的主管人员和其他直接责任人员依法给予处分；构成犯罪的，依法追究刑事责任：

（一）不立即组织事故抢救的；

（二）迟报、漏报、谎报或者瞒报事故的；

（三）阻碍、干涉事故调查工作的；

（四）在事故调查中作伪证或者指使他人作伪证的。

第四十条 事故发生单位对事故发生负有责任的，由有关部门依法暂扣或者吊销其有关证照；对事故发生单位负有事故责任的有关人员，依法暂停或者撤销其与安全生产有关的执业资格、岗位证书；事故发生单位主要负责人受到刑事处罚或者撤职处分的，自刑罚执行完毕或者受处分之日起，5 年内不得担任任何生产经营单位的主要负责人。

为发生事故的单位提供虚假证明的中介机构，由有关部门依法暂扣或者吊销其有关证照及其相关人员的执业资格；构成犯罪的，依法追究刑事责任。

第四十一条 参与事故调查的人员在事故调查中有下列行为之一的，依法给予处分；构成犯罪的，依法追究刑事责任：

（一）对事故调查工作不负责任，致使事故调查工作有重大疏漏的；

（二）包庇、袒护负有事故责任的人员或者借机打击报复的。

第四十二条 违反本条例规定，有关地方人民政府或者有关部门故意拖延或者拒绝落实经批复的对事故责任人的处理意见的，由监察机关对有关责任人员依法给予处分。

第四十三条 本条例规定的罚款的行政处罚，由安全生产监督管理部门决定。

法律、行政法规对行政处罚的种类、幅度和决定机关另有规定的，依照其规定。

第六章 附 则

第四十四条 没有造成人员伤亡，但是社会影响恶劣的事故，国务院或者有关地方人民政府认为需要调查处理的，依照本条例的有关规定执行。

国家机关、事业单位、人民团体发生的事故的报告和调查处理，参照本条例的规定执行。

第四十五条 特别重大事故以下等级事故的报告和调查处理，有关法律、行政法规或者国务院另有规定的，依照其规定。

第四十六条 本条例自 2007 年 6 月 1 日起施行。国务院 1989 年 3 月 29 日公布的《特别重大事故调查程序暂行规定》和 1991 年 2 月 22 日公布的《企业职工伤亡事故报告和处理规定》同时废止。

安全生产事故隐患排查治理暂行规定

（2007年12月28日国家安全生产监督管理总局令第16号公布
自2008年2月1日起施行）

第一章 总 则

第一条 为了建立安全生产事故隐患排查治理长效机制，强化安全生产主体责任，加强事故隐患监督管理，防止和减少事故，保障人民群众生命财产安全，根据安全生产法等法律、行政法规，制定本规定。

第二条 生产经营单位安全生产事故隐患排查治理和安全生产监督管理部门、煤矿安全监察机构（以下统称安全监管监察部门）实施监管监察，适用本规定。

有关法律、行政法规对安全生产事故隐患排查治理另有规定的，依照其规定。

第三条 本规定所称安全生产事故隐患（以下简称事故隐患），是指生产经营单位违反安全生产法律、法规、规章、标准、规程和安全生产管理制度的规定，或者因其他因素在生产经营活动中存在可能导致事故发生的物的危险状态、人的不安全行为和管理上的缺陷。

事故隐患分为一般事故隐患和重大事故隐患。一般事故隐患，是指危害和整改难度较小，发现后能够立即整改排除的隐患。重大事故隐患，是指危害和整改难度较大，应当全部或者局部停产停业，并经过一定时间整改治理方能排除的隐患，或者因外部因素影响致使生产经营单位自身难以排除的隐患。

第四条 生产经营单位应当建立健全事故隐患排查治理制度。

生产经营单位主要负责人对本单位事故隐患排查治理工作全面负责。

第五条 各级安全监管监察部门按照职责对所辖区域内生产经营单位排查治理事故隐患工作依法实施综合监督管理；各级人民政府有关部门在各自职责范围内对生产经营单位排查治理事故隐患工作依法实施监督管理。

第六条 任何单位和个人发现事故隐患，均有权向安全监管监察部门和有关部门报告。

安全监管监察部门接到事故隐患报告后，应当按照职责分工立即组织核实并予以查处；发现所报告事故隐患应当由其他有关部门处理的，应当立即移送有关部门并记录备查。

第二章 生产经营单位的职责

第七条 生产经营单位应当依照法律、法规、规章、标准和规程的要求从事生产经营活动。严禁非法从事生产经营活动。

第八条 生产经营单位是事故隐患排查、治理和防控的责任主体。

生产经营单位应当建立健全事故隐患排查治理和建档监控等制度，逐级建立并落实从主要负责人到每个从业人员的隐患排查治理和监控责任制。

第九条 生产经营单位应当保证事故隐患排查治理所需的资金，建立资金使用专项制度。

第十条 生产经营单位应当定期组织安全生产管理人员、工程技术人员和其他相关人员排查本单位的事故隐患。对排查出的事故隐患，应当按照事故隐患的等级进行登记，建立事故隐患信息档案，并按照职责分工实施监控治理。

第十一条 生产经营单位应当建立事故隐患报告和举报奖励制度，鼓励、发动职工发现和排除事故隐患，鼓励社会公众举报。对发现、排除和举报事故隐患的有功人员，应当给予物质奖励和表彰。

第十二条 生产经营单位将生产经营项目、场所、设备发包、出租的，应当与承包、承租单位签订安全生产管理协议，并在协议中明确各方对事故隐患排查、治理和防控的管理职责。生产经营单位对承包、承租单位的事故隐患排查治理负有统一协调和监督管理的职责。

第十三条 安全监管监察部门和有关部门的监督检查人员依法履行事故隐患监督检查职责时，生产经营单位应当积极配合，不得拒绝和阻挠。

第十四条 生产经营单位应当每季、每年对本单位事故隐患排查治理情况进行统计分析,并分别于下一季度15日前和下一年1月31日前向安全监管监察部门和有关部门报送书面统计分析表。统计分析表应当由生产经营单位主要负责人签字。

对于重大事故隐患,生产经营单位除依照前款规定报送外,应当及时向安全监管监察部门和有关部门报告。重大事故隐患报告内容应当包括:

(一)隐患的现状及其产生原因;

(二)隐患的危害程度和整改难易程度分析;

(三)隐患的治理方案。

第十五条 对于一般事故隐患,由生产经营单位(车间、分厂、区队等)负责人或者有关人员立即组织整改。

对于重大事故隐患,由生产经营单位主要负责人组织制定并实施事故隐患治理方案。重大事故隐患治理方案应当包括以下内容:

(一)治理的目标和任务;

(二)采取的方法和措施;

(三)经费和物资的落实;

(四)负责治理的机构和人员;

(五)治理的时限和要求;

(六)安全措施和应急预案。

第十六条 生产经营单位在事故隐患治理过程中,应当采取相应的安全防范措施,防止事故发生。事故隐患排除前或者排除过程中无法保证安全的,应当从危险区域内撤出作业人员,并疏散可能危及的其他人员,设置警戒标志,暂时停产停业或者停止使用;对暂时难以停产或者停止使用的相关生产储存装置、设施、设备,应当加强维护和保养,防止事故发生。

第十七条 生产经营单位应当加强对自然灾害的预防。对于因自然灾害可能导致事故灾难的隐患,应当按照有关法律、法规、标准和本规定的要求排查治理,采取可靠的预防措施,制定应急预案。在接到有关自然灾害预报时,应当及时向下属单位发出预警通知;发生自然灾害可能危及生产经营单位和人员安全的情况时,应当采取撤离人员、停止作业、加强监测等安全措施,并及时向当地人民政府及其有关部门报告。

第十八条 地方人民政府或者安全监管监察部门及有关部门挂牌督办并责令全部或者局部停产停业治理的重大事故隐患,治理工作结束后,有条件的生产经营单位应当组织本单位的技术人员和专家对重大事故隐患的治理情况进行评估;其他生产经营单位应当委托具备相应资质的安全评价机构对重大事故隐患的治理情况进行评估。

经治理后符合安全生产条件的,生产经营单位应当向安全监管监察部门和有关部门提出恢复生产的书面申请,经安全监管监察部门和有关部门审查同意后,方可恢复生产经营。申请报告应当包括治理方案的内容、项目和安全评价机构出具的评价报告等。

第三章 监督管理

第十九条 安全监管监察部门应当指导、监督生产经营单位按照有关法律、法规、规章、标准和规程的要求,建立健全事故隐患排查治理等各项制度。

第二十条 安全监管监察部门应当建立事故隐患排查治理监督检查制度,定期组织对生产经营单位事故隐患排查治理情况开展监督检查;应当加强对重点单位的事故隐患排查治理情况的监督检查。对检查过程中发现的重大事故隐患,应当下达整改指令书,并建立信息管理台账。必要时,报告同级人民政府并对重大事故隐患实行挂牌督办。

安全监管监察部门应当配合有关部门做好对生产经营单位事故隐患排查治理情况开展的监督检查,依法查处事故隐患排查治理的非法和违法行为及其责任者。

安全监管监察部门发现属于其他有关部门职责范围内的重大事故隐患的,应该及时将有关资料移送有管辖权的有关部门,并记录备查。

第二十一条 已经取得安全生产许可证的生产经营单位,在其被挂牌督办的重大事故隐患治理结束前,安全监管监察部门应当加强监督检查。必要时,可以提请原许可证颁发机关依法暂扣其安全生产许可证。

第二十二条 安全监管监察部门应当会同有关部门把重大事故隐患整改纳入重点行业领域的安全专项整治中加以治理,落实相应责任。

第二十三条 对挂牌督办并采取全部或者局部停产停业治理的重大事故隐患,安全监管监察部门收到生产经营单位恢复生产的申请报告后,应当在10日内进行现场审查。审查合格的,对事故隐患进行核销,同意恢复生产经营;审查不合格的,依法责令改正或者下达停产整改指令。对整改无望或者生产经营单位拒不执行整改指令的,依法实施行政处罚;不具备安全生产条件的,依法提请县级以上人民政府按照国务院规定的权限予以关闭。

第二十四条 安全监管监察部门应当每季将本行政区域重大事故隐患的排查治理情况和统计分析表逐级报至省级安全监管监察部门备案。

省级安全监管监察部门应当每半年将本行政区域重大事故隐患的排查治理情况和统计分析表报国家安全生产监督管理总局备案。

第四章 罚 则

第二十五条 生产经营单位及其主要负责人未履行事故隐患排查治理职责,导致发生生产安全事故的,依法给予行政处罚。

第二十六条 生产经营单位违反本规定,有下列行为之一的,由安全监管监察部门给予警告,并处三万元以下的罚款:

(一)未建立安全生产事故隐患排查治理等各项制度的;

(二)未按规定上报事故隐患排查治理统计分析表的;

(三)未制定事故隐患治理方案的;

(四)重大事故隐患不报或者未及时报告的;

(五)未对事故隐患进行排查治理擅自生产经营的;

(六)整改不合格或者未经安全监管监察部门审查同意擅自恢复生产经营的。

第二十七条 承担检测检验、安全评价的中介机构,出具虚假评价证明,尚不够刑事处罚的,没收违法所得,违法所得在五千元以上的,并处违法所得二倍以上五倍以下的罚款,没有违法所得或者违法所得不足五千元的,单处或者并处五千元以上二万元以下的罚款,同时可对其直接负责的主管人员和其他直接责任人员处五千元以上五万元以下的罚款;给他人造成损害的,与生产经营单位承担连带赔偿责任。

对有前款违法行为的机构,撤销其相应的资质。

第二十八条 生产经营单位事故隐患排查治理过程中违反有关安全生产法律、法规、规章、标准和规程规定的,依法给予行政处罚。

第二十九条 安全监管监察部门的工作人员未依法履行职责的,按照有关规定处理。

第五章 附 则

第三十条 省级安全监管监察部门可以根据本规定,制定事故隐患排查治理和监督管理实施细则。

第三十一条　事业单位、人民团体以及其他经济组织的事故隐患排查治理,参照本规定执行。

第三十二条　本规定自2008年2月1日起施行。

生产安全事故信息报告和处置办法

(2009年6月16日国家安全生产监督管理总局令第21号公布
自2009年7月1日起施行)

第一章　总　　则

第一条　为了规范生产安全事故信息的报告和处置工作,根据《安全生产法》、《生产安全事故报告和调查处理条例》等有关法律、行政法规,制定本办法。

第二条　生产经营单位报告生产安全事故信息和安全生产监督管理部门、煤矿安全监察机构对生产安全事故信息的报告和处置工作,适用本办法。

第三条　本办法规定的应当报告和处置的生产安全事故信息(以下简称事故信息),是指已经发生的生产安全事故和较大涉险事故的信息。

第四条　事故信息的报告应当及时、准确和完整,信息的处置应当遵循快速高效、协同配合、分级负责的原则。

安全生产监督管理部门负责各类生产经营单位的事故信息报告和处置工作。煤矿安全监察机构负责煤矿的事故信息报告和处置工作。

第五条　安全生产监督管理部门、煤矿安全监察机构应当建立事故信息报告和处置制度,设立事故信息调度机构,实行24小时不间断调度值班,并向社会公布值班电话,受理事故信息报告和举报。

第二章 事故信息的报告

第六条 生产经营单位发生生产安全事故或者较大涉险事故,其单位负责人接到事故信息报告后应当于1小时内报告事故发生地县级安全生产监督管理部门、煤矿安全监察分局。

发生较大以上生产安全事故的,事故发生单位在依照第一款规定报告的同时,应当在1小时内报告省级安全生产监督管理部门、省级煤矿安全监察机构。

发生重大、特别重大生产安全事故的,事故发生单位在依照本条第一款、第二款规定报告的同时,可以立即报告国家安全生产监督管理总局、国家煤矿安全监察局。

第七条 安全生产监督管理部门、煤矿安全监察机构接到事故发生单位的事故信息报告后,应当按照下列规定上报事故情况,同时书面通知同级公安机关、劳动保障部门、工会、人民检察院和有关部门:

(一)一般事故和较大涉险事故逐级上报至设区的市级安全生产监督管理部门、省级煤矿安全监察机构;

(二)较大事故逐级上报至省级安全生产监督管理部门、省级煤矿安全监察机构;

(三)重大事故、特别重大事故逐级上报至国家安全生产监督管理总局、国家煤矿安全监察局。

前款规定的逐级上报,每一级上报时间不得超过2小时。安全生产监督管理部门依照前款规定上报事故情况时,应当同时报告本级人民政府。

第八条 发生较大生产安全事故或者社会影响重大的事故的,县级、市级安全生产监督管理部门或者煤矿安全监察分局接到事故报告后,在依照本办法第七条规定逐级上报的同时,应当在1小时内先用电话快报省级安全生产监督管理部门、省级煤矿安全监察机构,随后补报文字报告;乡镇安监站(办)可以根据事故情况越级直接报告省级安全生产监督管理部门、省级煤矿安全监察机构。

第九条 发生重大、特别重大生产安全事故或者社会影响恶劣的事故的,县级、市级安全生产监督管理部门或者煤矿安全监察分局接到事故报告后,在依照本办法第七条规定逐级上报的同时,应当在1小时内先用电话快报省级安全生产监督管理部门、省级煤矿安全监察机构，随后补报文字报告；必要时，可以直接用电话报告国家安全生产监督管理总局、国家煤矿安全监察局。

省级安全生产监督管理部门、省级煤矿安全监察机构接到事故报告后，应当在1小时内先用电话快报国家安全生产监督管理总局、国家煤矿安全监察局，随后补报文字报告。

国家安全生产监督管理总局、国家煤矿安全监察局接到事故报告后，应当在1小时内先用电话快报国务院总值班室，随后补报文字报告。

第十条 报告事故信息，应当包括下列内容：

（一）事故发生单位的名称、地址、性质、产能等基本情况；

（二）事故发生的时间、地点以及事故现场情况；

（三）事故的简要经过（包括应急救援情况）；

（四）事故已经造成或者可能造成的伤亡人数（包括下落不明、涉险的人数）和初步估计的直接经济损失；

（五）已经采取的措施；

（六）其他应当报告的情况。

使用电话快报，应当包括下列内容：

（一）事故发生单位的名称、地址、性质；

（二）事故发生的时间、地点；

（三）事故已经造成或者可能造成的伤亡人数（包括下落不明、涉险的人数）。

第十一条 事故具体情况暂时不清楚的，负责事故报告的单位可以先报事故概况，随后补报事故全面情况。

事故信息报告后出现新情况的，负责事故报告的单位应当依照本办法第六条、第七条、第八条、第九条的规定及时续报。较大涉险事故、一般事故、较大事故每日至少续报1次；重大事故、特别重大事故每日至少续报2次。

自事故发生之日起30日内（道路交通、火灾事故自发生之日起7日内），事故造成的伤亡人数发生变化的，应于当日续报。

第十二条 安全生产监督管理部门、煤矿安全监察机构接到任何单位或者个人的事故信息举报后，应当立即与事故单位或者下一级安全生产监督管理部门、煤矿安全监察机构联系，并进行调查核实。

下一级安全生产监督管理部门、煤矿安全监察机构接到上级安全生产监督管理部门、煤矿安全监察机构的事故信息举报核查通知后，应当立即组织查证核实，并在 2 个月内向上一级安全生产监督管理部门、煤矿安全监察机构报告核实结果。

对发生较大涉险事故的，安全生产监督管理部门、煤矿安全监察机构依照本条第二款规定向上一级安全生产监督管理部门、煤矿安全监察机构报告核实结果；对发生生产安全事故的，安全生产监督管理部门、煤矿安全监察机构应当在 5 日内对事故情况进行初步查证，并将事故初步查证的简要情况报告上一级安全生产监督管理部门、煤矿安全监察机构，详细核实结果在 2 个月内报告。

第十三条　事故信息经初步查证后，负责查证的安全生产监督管理部门、煤矿安全监察机构应当立即报告本级人民政府和上一级安全生产监督管理部门、煤矿安全监察机构，并书面通知公安机关、劳动保障部门、工会、人民检察院和有关部门。

第十四条　安全生产监督管理部门与煤矿安全监察机构之间，安全生产监督管理部门、煤矿安全监察机构与其他负有安全生产监督管理职责的部门之间，应当建立有关事故信息的通报制度，及时沟通事故信息。

第十五条　对于事故信息的每周、每月、每年的统计报告，按照有关规定执行。

第三章　事故信息的处置

第十六条　安全生产监督管理部门、煤矿安全监察机构应当建立事故信息处置责任制，做好事故信息的核实、跟踪、分析、统计工作。

第十七条　发生生产安全事故或者较大涉险事故后，安全生产监督管理部门、煤矿安全监察机构应当立即研究、确定并组织实施相关处置措施。安全生产监督管理部门、煤矿安全监察机构负责人按照职责分工负责相关工作。

第十八条　安全生产监督管理部门、煤矿安全监察机构接到生产安全事故报告后，应当按照下列规定派员立即赶赴事故现场：

（一）发生一般事故的，县级安全生产监督管理部门、煤矿安全监察分局负责人立即赶赴事故现场；

（二）发生较大事故的，设区的市级安全生产监督管理部门、省级煤矿安全监察局负责人应当立即赶赴事故现场；

（三）发生重大事故的，省级安全监督管理部门、省级煤矿安全监察局负责人立即赶赴事故现场；

（四）发生特别重大事故的，国家安全生产监督管理总局、国家煤矿安全监察局负责人立即赶赴事故现场。

上级安全生产监督管理部门、煤矿安全监察机构认为必要的，可以派员赶赴事故现场。

第十九条 安全生产监督管理部门、煤矿安全监察机构负责人及其有关人员赶赴事故现场后，应当随时保持与本单位的联系。有关事故信息发生重大变化的，应当依照本办法有关规定及时向本单位或者上级安全生产监督管理部门、煤矿安全监察机构报告。

第二十条 安全生产监督管理部门、煤矿安全监察机构应当依照有关规定定期向社会公布事故信息。

任何单位和个人不得擅自发布事故信息。

第二十一条 安全生产监督管理部门、煤矿安全监察机构应当根据事故信息报告的情况，启动相应的应急救援预案，或者组织有关应急救援队伍协助地方人民政府开展应急救援工作。

第二十二条 安全生产监督管理部门、煤矿安全监察机构按照有关规定组织或者参加事故调查处理工作。

第四章 罚 则

第二十三条 安全生产监督管理部门、煤矿安全监察机构及其工作人员未依法履行事故信息报告和处置职责的，依照有关规定予以处理。

第二十四条 生产经营单位及其有关人员对生产安全事故迟报、漏报、谎报或者瞒报的，依照有关规定予以处罚。

第二十五条 生产经营单位对较大涉险事故迟报、漏报、谎报或者瞒报的，给予警告，并处 3 万元以下的罚款。

第五章 附 则

第二十六条 本办法所称的较大涉险事故是指：

（一）涉险10人以上的事故；

（二）造成3人以上被困或者下落不明的事故；

（三）紧急疏散人员500人以上的事故；

（四）因生产安全事故对环境造成严重污染（人员密集场所、生活水源、农田、河流、水库、湖泊等）的事故；

（五）危及重要场所和设施安全（电站、重要水利设施、危化品库、油气站和车站、码头、港口、机场及其他人员密集场所等）的事故；

（六）其他较大涉险事故。

第二十七条　省级安全生产监督管理部门、省级煤矿安全监察机构可以根据本办法的规定，制定具体的实施办法。

第二十八条　本办法自2009年7月1日起施行。